Julio Carreras

MOCASE

Y otros textos sobre Santiago del Estero

Quipu Editorial

La Civilización Chaco-Santiagueña

La Civilización Chaco-Santiagueña es una teoría arqueológica y antropológica desarrollada por los hermanos Duncan y Emilio Wagner. Refiere la posible existencia de una cultura antiquísima, en la región central del territorio hoy llamado Santiago del Estero. En el momento que fuera presentada, esta tesis de investigación revolucionó profundamente las ideas científicas tradicionales.

Las primeras ideas sobre las que posteriormente se asentaría la tesis de la Civilización Chaco Santiagueña surgieron de Emilio Wagner, hacia 1902-1903. "Admirado de los fragmentos de vasijas antiguas y otros enseres de altísima calidad estética, que encuentra casi en cada lugar donde excava en Mistol Paso, se figura que estos dibujos no podrían haber sido efectuados por "salvajes crinudos cubiertos con pluma de avestruz", como se describía por entonces a los nativos con desprecio. "Estas obras de arte –piensa Wagner– son semejantes a las creadas por el neolítico helénico, incluso superiores" [1]

Libro auspiciado por Francia

Dado el origen francés de los Hermanos Wagner, el gobierno auspició la publicación de su monumental libro *La Civilización Chaco Santiagueña* "y sus correlaciones con las del Viejo y Nuevo Mundo". Este volumen fue considerado por la prensa de la época "el libro más bello que se haya editado desde Santiago del Estero"[2], presentaba preciosas ilustraciones a todo color, con reproducciones exactas pintadas una a una, a mano, por Olimpia Righetti. El libro causó admiración. "Una ola de fervor investigativo, el debate público por lo avanzado de las propuestas, que muchos denostaron o intentaron descalificar, recorrió el ambiente intelectual argentino. Y también tuvo sus importantes ecos en Europa, particularmente en Francia, que por esas investigaciones, muy pronto otorgaría su máxima condecoración, la Legión de Honor y el nombramiento de Caballeros, a los Wagner". [3]

Cultura refinada

En una de sus múltiples artículos sobre la Cultura Chaco Santiagueña, Duncan Wagner dice:

"Un sentimiento de profunda religiosidad y de notable simpatía humana emana de este arte tan esencialmente calmo y ponderado, de una absoluta castidad, que ha esquivado con cuidado lo grotesco, lo obsceno y las truculentas monstruosidades.

"Está permitido creer que esta gente de costumbres aparentemente más dulces que la de cualquier otro pueblo precolombiano, había ignorado la práctica de sacrificios humanos pues nunca hicieron figurar en el decorado de sus alfarerías (lo que constituye un hecho excepcional) esas horrorosas cabezas trofeos, chorreando sangre, de las cuales la ideografía americana ha hecho triste abuso.

"Una atmósfera de belleza espiritual muy elevada, envuelve a este arte donde el simbolismo ha ejercido una influencia que parece haber obrado, sobre todo, en el sentido de una idealización muy sutilmente refinada, que parece haber sido particularmente cara a esas Viejas Razas de la Argentina, tan notablemente dotadas. Es ese rasgo esencial que distingue al arte cerámico de la civilización Chaco-Santiagueña, y su extraordinaria significación no podría escapar a ningún espíritu realmente cultivado. [...]

"Pastores, agricultores, tejedores de una habilidad consumada, y como alfareros maestros entre los maestros, estos pueblos sedentarios no vivieron por cierto una existencia miserable. [...]

"Entre esos pueblos que gozaron de una civilización ya muy avanzada, todo indica que el lujo que desplegaban en la fabricación de la cerámica debió ir a la par con el que aplicaban a su vestido. Las 1.900 fusaiolas artísticamente trabajadas que existen en nuestras colecciones nos suministran la prueba. "Las finas telas de las cuales una muestra ha llegado felizmente hasta nosotros, las innumerables perlitas, verdaderas joyas, la turquesa, lapislázuli, y otras piedras preciosas, han proporcionado el material en que han sido hábilmente talladas, debieron servir para adornar los vestidos confeccionados en dichas telas. [...]

"Numerosos instrumentos de música, en hueso o tierra cocida, nos hablan de danzas y fiestas en que esos hermosos vestidos debieron ser llevados. El bello estilo de la alfarería doméstica indica, como Ambrosetti lo explicó ya claramente, una vida tranquila y próspera.

"Según la señora Cox Stevenson Cushing, y otros autores norteamericanos que los visitaron por largo tiempo, los Indios Pueblos despliegan en el decorado de la cerámica y el simbolismo que la caracteriza, un lujo que se aproxima notablemente al que se observa entre los antiguos pueblos de Santiago del Estero y los ejercicios religiosos absorben casi seis meses de cada año, o sea la casi mitad de su tiempo. [...]

"Los orígenes de su teogonía, de las más complicadas, así como los de su cultura, se pierden en la noche de los tiempos. [4]

Referencias

[1] *Historia de Icaño*. Editado por la Comisión Municipal de Icaño, Santiago del Estero, 2007.
[2] Diario El Liberal, 16 de agosto de 1934.
[3] *Historia de Icaño*.
[4] Fragmentos del artículo "El sentimiento religioso y las costumbres en la civilización Chaco-Santiagueña", publicado en el diario El Liberal, 1º de enero de 1936.

Redactado para Wikipedia. 2007.

Santiago del Estero: 456 años de corrupción

Santiago del Estero existe por causa de un error. Los europeos creían que en este lugar iban a encontrar mucho oro.

La leyenda sirvió, además, para alejar del Potosí a los peores aventureros. Tanto Juan Núñez del Prado como Francisco de Aguirre eran individuos inescrupulosos y despiadados. El segundo fue más expeditivo: sencillamente hizo desaparecer a Núñez, cuando venía con los papeles necesarios para destituirlo.

En lo que hoy llamamos Santiago, los europeos no encontraron oro. Ni siquiera plata o, aunque más no fuera, estaño. Solamente selvas, mesetas, serranías. Y personas. Consideraron que obtener alguna ganancia de tales tierras era demasiado trabajoso. Así que esclavizaron para ello a quienes, hasta su llegada, habían sido habitantes libres, pacíficos, y por lo que se sabe, felices.

El virus de la corrupción

La conquista de estas tierras se inició bajo uno de los períodos de mayor corrupción institucional en Europa. Y entre los países europeos España era posiblemente el más corrupto. El papa que autorizó las expediciones fue Alejandro VI: Rodrigo de Borgia. Un millonario degenerado, que entre otras perversidades, para asegurar la sucesión a su familia designó obispo de Valencia y cardenal a su hijo, de 17 años: César Borgia.

De una vez por todas tenemos que enfrentar la verdad: quienes vinieron aquí no eran "civilizadores" ni "mensajeros de Dios". Sino criminales, ambiciosos sin medida y desesperados. Tampoco vinieron "nobles". Sino desahuciados o aventureros. Aunque los "nobles" de España -sus modelos- por otra parte eran de lo más corrupto y decadente que se podía encontrar en Europa.

Una sociedad por descarte

Con tales gobernantes, naturalmente, la "nueva sociedad" santiagueña, debió ser una niña torpe y contrahecha. Se fue constituyendo sobre cimientos de falsificación, violencia e inmoralidad.

Creció bajo un estigma peor: el desprecio. Los europeos desestimaron esta región. Decepcionados, por no haber visto cumplidos sus locos sueños de riqueza, apenas podían, huían. Ya en 1679 un obispo se refiere a nuestra "noble y leal ciudad" en los siguientes términos:

"Santiago sólo el nombre tiene de ciudad, es toda ella un bosque inmundo falto de todo lo necesario para el sustento, la iglesia muy mal servida e indecentísimamente". (Obispo Ulloa, Archivo de Indias, 74-6-46.)

Tal desprecio se infundió en sus descendientes, quienes se consideraron infortunados, al no poder irse de este "infierno caluroso y salvaje". Los que lograban acumular algo de fortuna, pues, huían. Aunque más no fuese a otras provincias, más prósperas, como Tucumán o Córdoba. De tal manera, nuestros gobiernos y nuestra sociedad iban construyéndose con los fracasados.

La adecuación del esperpento

Un heredero de esa tradición insana trazó en 1820 lo que iba a ser el cuño definitivo y deforme de nuestra cultura política. Juan Felipe Ibarra impuso su dictadura, por treintaiún años, a los desharrapados habitantes de esta comunidad.

Lo sucedieron sus parientes, de apellido Taboada. Demostraron ser aún más tortuosos, inmorales y asesinos que el tío.

Desde aquel reinicio fallido de nuestra "Autonomía", el poder político jamás salió de los ámbitos controlados por las mismas clases parasitarias.

Aún los gobiernos "populares" -como los sustentados por el radicalismo a principios del siglo XX o el peronismo a mediados de él-, fueron hegemonizados siempre por "los doctores".

Una clase extraviada

La corrupción se sustenta en concepciones distorsionadas de la realidad. Estas anidan bajo una fuerte convicción de constituir una "clase especial" de personas. En el núcleo de esas ideas, está la noción de poseer numerosos derechos, pero no obligaciones.
La primera obligación de la que se considera excluida nuestra clase históricamente en el gobierno, es la de ganar el sustento trabajando.

De tal manera desplegaron esa apócrifa conciencia en sus actos, que, apenas pudieron, malbarataron nuestras riquezas naturales: para su propio sostén. Entre los gobiernos de Absalón Rojas (1886) y el del "Gaucho" Castro, en la década de 1930, esta provincia se quedó sin selvas. Millones de hectáreas fueron prácticamente regaladas (hubo "ventas" hasta por 10 centavos la hectárea) a mercaderes foráneos.

No se consideraban a sí mismos corruptos estos gobernantes, cuando usufructuaban para beneficio propio el producto del genocidio y posterior ecocidio. Habían sido educados, desde niños, con la idea de pertenecer a una clase "propietaria" de todo lo existente aquí. Y se sabe que un propietario "puede hacer lo que quiera" con su patrimonio.

Necesitamos actos de madurez social

El requisito básico para sostener la dominación de esta clase alucinada fue y es mantener la pobreza. De tal manera los habitantes se verán siempre obligados a pedir.

El mecanismo axiomático es alcanzar el control de los recursos y administrarlos luego con astucia para evitar cualquier asomo de independencia económica para el resto de la sociedad. No importa si el dominador es un "hidalgo", un "liberal", un "peronista" o un "radical". Es siempre "el dueño de la comida", a quien los aborígenes sometidos deben ir, cada Semana Santa, a solicitar su bendición.

Mientras la población mayoritaria de Santiago del Estero, con sucesivos actos de valentía cívica, no empiece a quitar sus delirios a estos siempre fallidos gobernantes, nuestra situación seguirá igual.

La Historia de la Humanidad nos lo viene enseñando, con numerosos ejemplos, desde hace bastante tiempo ya.

Notas

La Energía Solar de que dispone Santiago del Estero es inmensa. No hubo ni hay ni habrá a la vista un desarrollo tecnológico que aproveche esa energía para refrigerar, calefaccionar (en los breves periodos cuando esto es necesario) y mover miles de aparatos que podrían brindar no sólo confort sino prosperidad económica a toda la población. Eso, junto al absurdo de la falta absoluta de un ordenado plan de utilización de los árboles como elemento básico para equilibrar el clima, es muestra patética de nuestro destino. Ser pobres en una provincia riquísima, debido a la estúpida clase gobernante que nos ha tocado padecer en estos últimos 450 años. Y que no hemos sabido sacarnos de encima hasta ahora (ni hay indicios, por el momento, de que nuestro pueblo sustente alguna iniciativa coherente en tal sentido).

"Formosa, La Rioja, Santiago del Estero, Catamarca, Jujuy, Corrientes y Chaco dependen casi en su totalidad de fondos enviados por el gobierno nacional (sólo recaudan entre 6,3% y 12,5% de sus gastos)." Fragmento de un análisis económico publicado en el periódico NEA Rural.

Publicado el lunes 10 de agosto de 2009 en @DIN (Agencia Digital Independiente de Noticias).

MOCASE: "La tierra es nuestra Vida"

El Movimiento Campesino de Santiago del Estero está compuesto por unas cinco mil familias que se organizaron para evitar ser expulsadas. Se repite un esquema de conflictos: por una parte empresarios foráneos, codiciando las tierras para dedicarlas a monocultivos rentables. Por el otro los habitantes tradicionales, con una cultura y modos de vida incomprensibles para la mentalidad capitalista. Desde hace poco, el MOCASE está fragmentado: a un lado el del Quimilí, más allá el de Los Juríes. El primero funciona con asesoramiento de un grupo de técnicos rurales, de origen cordobés. El segundo, tiene como referente a Juan Cuéllar, un campesino santiagueño, muy respetado por sus pares. Ambos son muy representativos y cuentan con numerosas filiales. Estuvimos en la base del primero -Quimilí-. Conversamos con un referente del MOCASE "Los Juríes". A continuación el resultado de esas indagaciones.

Roja flor

El 4 de julio de 1976 por la tarde el seminarista palotino Robert Keelmate fue al cine. Eso le salvó la vida. Al regresar halló a sus compañeros sobre charcos de sangre. Eran los sacerdotes Alfredo Kelly, Alfredo Leaden y Pedro Duffau, con los seminaristas Salvador Barbeito y Emilio Barletti, todos palotinos. Los grupos de tareas de la dictadura militar perpetraban por entonces sus peores crímenes. Con acelerada prudencia, el seminarista irlandés fue rescatado hacia su país por los superiores. Allí se ordenó sacerdote.

Entonces tuvo ganas de volver a la Argentina, donde había conocido a comunidades aborígenes y lo habían fascinado las culturas del interior. Pidió ser destinado al Norte, entre los más humildes -como quería Jesús. Su orden se lo concedió. Se lo ubicó en la localidad de Los Juríes, pueblo perdido entre los quebrachales de Santiago. Habían empezado los 80: la dictadura iba próxima a caer bajo su propio fango.

El cura actuó como factor de progreso en aquel pueblo de campesinos. Allí, dos o tres grandes productores foráneos hacían su voluntad.

A través de organizaciones parroquiales, se obtuvieron mejoras en las calles del pueblo, electricidad, agua. Y pronto, con ayuda de amigos europeos, el palotino lanzaría al aire de Los Juríes... ¡una radio! Esto causó sensación en toda la provincia y comenzó a llamar la atención de los servicios hacia "el curita inglés" de Los Juríes. En ese entonces -1983- recién comenzaban a perfilarse como una opción las FM.

En 1984 un grupo de pequeños campesinos fue a entrevistar al "padre Roberto". Los atacaban pandillas armadas, enviadas por los empresarios. Venían con topadoras, desmontaban decenas de hectáreas en una noche, entre quienes los protegían se contaban también policías. Los campesinos querían que el sacerdote los defendiera.

"Defiéndanse ustedes mismos", respondió el cura: "Tienen derecho a hacerlo. Organícense en grupos, usen sus herramientas de trabajo, asadas, hachas, palas, y expulsen con ellas a los invasores de sus tierras... Yo los acompañaré...".

Así lo hicieron. Poco después los campesinos habían recuperado la posesión de sus territorios. Comenzaron a montar guardias comunitarias para evitar ataques nocturnos. El éxito de la primera batalla los animó: reunidos en asamblea decidieron formar una organización, que coordinara a todos los campesinos bajo abusos de los poderes locales.

Había nacido el Movimiento Campesino de Santiago del Estero. Aunque aún no lo llamaran así.

Tiros y polvo

Viernes 26 de marzo, de 2004. El periodista de Lezama escuchaba el discurso de Pérez Esquivel frente a la Catedral de Santiago. Eran como las diez de la noche, hacía calor. La multitud -unas diez mil personas- había marchado como todos los viernes, exigiendo "Verdad y Justicia". Se había situado en el justo medio del gentío. Notó que alguien se acercaba sigilosamente. Tocándolo apenas le dijo al oído:

-¿Quieres viajar a Quimilí? Una camioneta te espera en la esquina...

Dos citas con los representantes del MOCASE habían abortado en esos dos días. Era comprensible: estaba invitado a participar de una asamblea, pero corrían tiempos violentos. Seis días atrás un suboficial retirado, que se reivindica como "carapintada", se escondió tras la casa de uno de los dirigentes campesinos y disparó. Sin acertarle, pues no había bajado de su camioneta aún y logró escapar. Poco antes, los campesinos habían capturado y desarmado a diez hombres del "Servicio de Seguridad Cóndor", apoyo de la

Cerealera Morell-Bullez S.R.L. Los parapoliciales custodiaban un galpón, instalado el domingo 15 de febrero, luego que con topadoras y tractores se adueñaran por la fuerza de las tierras, donde habitaban y producían para su propio sustento 27 familias campesinas (ver recuadro).

Pausadamente el periodista avanzó entre la muchedumbre, dando un rodeo. Desde la distancia reconoció, aún sin haberlos visto nunca, a quienes lo llevarían. Al lado de una camioneta 4x4, un rubio alto, de pelo largo, con ropas polvorientas y alpargatas. Ángel Strapazzón, sacerdote casado, principal referente del MOCASE, el mismo que hace poco fuese tiroteado.

Cuando se acercó, el rubio le presentó una muchacha francesa y un chileno. Venían desde Chiapas; habían pasado por Colombia, Ecuador y Bolivia: ahora llevaban su solidaridad a la asamblea del MOCASE. Completaban el grupo un artista local oficiando de nexo – ajado kimono blanco, pelo largo-, un hombre maduro, fuerte -chofer-, un mozalbete gigantesco que miraba hacia todas partes y un buenmozo campesino, con barba a lo mefistófeles y negro pelo en colita.

Por un camino difícil, donde por kilómetros los faros penetraban nubes de tierra condensando la oscuridad, viajaron casi cuatro horas antes de llegar al "galpón" de Quimilí. Allí se efectuaba, desde el jueves 27 y hasta el domingo 28, la asamblea. Constantemente el chofer y el grandote se comunicaban por radio con la central. Cuando iban llegando se alivió la tensión. El más joven encendió el receptor común de la camioneta... y pidió a través del walkie-talkie un tema de Café Tacuba. La voz de una mujer anunció que estaban escuchando "Radio de la Emancipación Campesina" y comenzó a sonar el tema dedicado. En ese y otros lugares el MOCASE tiene sus propias FM. Enseguida divisaron las tenues luces de las edificaciones. Afortunadamente, llegaron justo en un cambio de guardias: el lecho vacío de uno de los que entraba ahora fue adjudicado al periodista. Por todas partes, en rústicos catres o en el suelo dormía mucha gente, incluyendo niños. Sobre algo durísimo intentó dormir, pero no pudo.

La dignidad campesina

Hacia 1984 Robert Keelmate fue trasladado a Estados Unidos. Esto por la presión de sectores fascistas de la iglesia católica, a cuyo frente se destacaba el entonces canciller de Añatuya, Antonio Basseotto. El mismo que hoy actúa como vicario castrense e intentó evitar la derogación de las Leyes de Obediencia Debida y Punto Final. Basseotto fue también señalado como informante de la SIDE santiagueña sobre asuntos de la Conferencia Episcopal Argentina. Pero el alejamiento del irlandés no impidió el desarrollo de la movilización campesina. El 1° de diciembre de 1989 las organizaciones existentes -brotadas en varias comunidades- se reunieron en Los Juríes. Querían dar impulso a un movimiento provincial. "Para defender la vida de los campesinos", se dijo, en aquella oportunidad. "Pues la tierra es nuestra vida, para nosotros y nuestros hijos". Al primer encuentro sucedieron otros en Forres, Colonia Dora, Añatuya. El 4 de agosto de 1990 se eligió, en Quimilí, la primera Comisión Directiva. Proclamaron oficialmente su nombre: MOCASE.
Desde sus comienzos, la lucha por la tenencia de la tierra y el mejoramiento de las condiciones de vida para las familias campesinas fue la estrategia central de la organización. Esto quedó consignado en el Acta Fundacional. La tenencia precaria de la tierra había permitido una aciaga tradición de "desalojos silenciosos". Los campesinos no conocían su derecho a la posesión veinteñal. Sorpresivamente podían ser invadidos y desalojados por grupos de tareas, con exasperante impunidad. Todo esto debería ser enfrentado y resuelto por el MOCASE.
En Santiago existen varias franjas étnicas y caracterológicas yuxtapuestas. Mas podría clasificarse a los criollos en dos: quienes

bajan la cabeza, aguantando cualquier yugo, y aquellos que luchan. Los últimos, por cierto, son minoría. Al iniciarse el MOCASE, andaban dispersos. Desde 1984 en adelante, como si un hilo magnético los fuera reanimando, se comenzaron a encontrar. Pronto darían con éxito sus primeras batallas.

Un caso ejemplar fue lo ocurrido en La Simona. Usando ingeniosamente las comunicaciones, los campesinos de este paraje lograron concitar la atención internacional. El 12 de octubre de 1998, máquinas topadoras de gran porte habían pretendido desalojar a los pobladores, avanzando sobre sus posesiones. A su paso derribaron árboles, cercos, aljibes, apostándose amenazantes ante la tranquera de la comunidad. La autodefensa en piquetes, ejercida con eficacia por los pobladores, detuvo a las topadoras. "En otra época hubieran conseguido echarnos, sin que los jueces o el poder político se dieran siquiera por enterados", dicen.
Medios nacionales y españoles difundieron imágenes de máquinas destruyendo el bosque, junto a toda la vida que lleva dentro. Comenzaba un proceso de difusión, que induciría el surgimiento de una cadena de solidaridad internacional con el campesinado de Santiago. León Gieco llegó, para ayudarlos a celebrar esta victoria.

Diálogos en el Huaira Múyoj 1

Deo Súmaj 2 se llama la muchacha de 23 años que actúa provisoriamente como Secretaria de Comunicaciones. Ostenta una bella combinación de rasgos aborígenes con dos grandes ojos claros, color sabzí. 3 Viste como una hippie. Lo de provisorio está dado por los estatutos de la organización, que indican la rotación de todos los puestos administrativos. A ella le fue asignada, por la asamblea, la responsabilidad de informar a Lezama. Hubo algunos tropiezos, muy temprano, cuando el periodista interrogó por su cuenta a los campesinos. Enseguida se le comunicó –buenamente- que el

MOCASE efectuaba todas sus acciones por resoluciones consensuadas. Debía esperar que la asamblea designara uno o varios de sus compañeros para suministrarle datos, ordenadamente. Durante todo ese día -sábado 27 de abril de 2004-, deliberan unos 150 campesinos, llegados hace tres días de diferentes comunidades del interior, algunas de ellas muy lejanas. Una campesina morena, como de 50 años, indica el comienzo de esa tercera jornada; hace una breve introducción. Son como las siete de la mañana. Todos deben presentarse: ordenados en rueda, prolongando el mate -que funciona allí día y noche-, van desgranando nombres y procedencias. "Fulano de tal", coordinador de la cooperativa Santos Lugares"; "Mengana, de la comisión directiva de Pinto"... "Anselmo, de la Cooperativa Ashca Cayku"... Giran las canastitas con tortillas, que desaparecen muy pronto y deben ser llenadas nuevamente. Los niños juegan ordenadamente, dos chicas los atienden. Entre los campesinos hay también varios jóvenes –varones y mujeres- que no son santiagueños. Se lo infiere de su aspecto, sus tonadas -cordobesas o santafesinas. Se presentan, al llegar su turno, como "miembros del MOCASE": de Quimilí, de Tintina, Taboada, Figueroa... Luego de tratado el primer tema –actividad conjunta con otro grupo rural-, la asamblea resuelve lo de Lezama. Por fortuna, ya que cerca de las 9.00 llegan como una tromba dos camionetas. De ellas bajan Fabián Bueno, como de 40 años, voluminoso, alto, ojos iluminados por el fervor, barba oscura y pelo largo atado hacia atrás. Cuatro ágiles muchachones lo rodean. De la otra emerge "La Flaca", rubia de ojos celestísimos, que entrecierra ante el sol. También va acompañada de un equipo, donde prevalecen mujeres. Ambos fuman sin parar; están muy nerviosos, electrizados. Ha venido una delegación judicial de Santiago, ya tuvieron reuniones tensas con otros campesinos, coordinados por La Flaca y Fabián. Se investigan los recientes enfrentamientos, donde hubo tiros y el intento de asesinato a Strapazzón. Nerviosas comunicaciones por celulares, por radio, por teléfono regular cruzan el éter, en medio de polvaredas de vehículos que vienen y van. La diferencia estriba en que los judiciales piden que la gente del MOCASE vaya a la comisaría. Los campesinos, en cambio, sostienen que puede tomarse la testimonial en los campos: ofrecen incluso transportar a los sumariantes. No es capricho. En la comisaría están los mismos que pocos días atrás secundaban a quienes tirotearon al MOCASE. "No hay garantías", se repite. "Hemos venido para brindárselas", contestan los de la ciudad. Finalmente, luego de largas deliberaciones, se decide concurrir a la policía, pero con el acompañamiento de todos los asambleístas. Quedará en el galpón sólo una guardia mínima.

A la hora en que se concreta la conversación de Lezama con Deo Súmaj -como las dos de la tarde-, casi todos han ido, en camionetas y un gran camión, hasta Quimilí.

El MOCASE dispone de refinados sistemas de comunicación, entre los que se cuentan computadoras -dotadas de correo electrónico-, camionetas 4x4 o Rangers de última generación, walkie-talkies, camiones -incluyendo un reluciente "jaula" con acoplados. Su más reciente adquisición son numerosos extractores de miel y centenares de cajones para colmenas, que se apilan en las galerías, esperando ser distribuidos por las comunidades. La sala donde atienden al redactor -altas paredes de adobe- está ornada con tapices artesanales y un gran afiche: la foto del subcomandante Marcos. En otra pared, la efigie del Ché Guevara. Dos muchachos miran un video sobre el intento golpista en Venezuela.

Con estudiada precisión Deo Súmaj habla del MOCASE: sus orígenes, las organizaciones que lo integran, sus luchas, sus actividades sociales. No es común hallar una campesina tan lúcida, tan desinhibida, más cerca en su personalidad de una militante europea de la antiglobalización, que del estereotipo rural sustentado en las ciudades. En el intercambio amistoso, se mezclan datos personales. Hija de un pequeño productor, tiene un hijito de tres años. Su ex pareja está ausente; con un mohín da a entender que no le importa. Deo es amada fraternalmente por todos; los jóvenes forman hacia su michana 4 un anillo protector.

Se sobresalta al preguntársele sobre divisiones; luego de una pausa contesta, categórica: "no hay divisiones: este es el único MOCASE". Como a las cuatro de la tarde llega el famoso dúo Coplanacu, para expresar su solidaridad. Poco después doña Olga de Villalba, 5 junto a dos personas de su confianza. Cuando regresan los campesinos que han ido a declarar, se suscita una escena de jolgorio colectivo, la proclamación de consignas con los puños en alto, que ellos llaman "mística" y recién después de ello todos se sientan a almorzar... Enseguida, Coplanacu deleita a la concurrencia con sus dulces canciones, infinitesimalmente audibles bajo el silencio campestre.

Esperando nacer

Varios legisladores nacionales alegaron a favor intervenir Santiago, el miércoles 31 de marzo. Hablaron del ominoso aparato represivo sostenido por el poder político, para imponer su yugo feudal sobre la población. De las 40.000 carpetas descubiertas en la policía secreta, gracias a los habeas data de dos ciudadanos. Por la lectura de algunas de ellas se constata que el Estado sustentaba un organismo pura y exclusivamente para espiar a los habitantes, incluyendo escuchas telefónicas e informes de la más estricta intimidad.

"Pero lo más indignante y aterrador", se oyó en la Cámara Nacional, "es que las familias de campesinos santiagueños están siendo acosadas por bandas parapoliciales... Hombres armados deambulan por las noches, expulsando a comunidades enteras de tierras que tradicionalmente ocuparon". Se describieron tales agrupaciones: financiadas por capitales sin límites, sosteniendo con topadoras la invasión de campos. Empresas que aniquilan el bosque y sus animales, para acceder febrilmente al actual "grano de oro" (la soja transgénica).

Las "Guardias Blancas" son coordinadas por ex militares, según pudo comprobarlo un equipo de la Secretaría de Derechos Humanos de la Nación. Personajes como el teniente coronel De La Vega, el mayor D´Amico, el capitán Blanco: todos ex integrantes de siniestros grupos de tareas que actuaron durante la dictadura. Se sabe que estos informes fueron tomados como centrales para disponer la intervención federal.

Pablo Lanusse asumió el 1 de abril. Inmediatamente ordenó la detención de Carlos Arturo Juárez y su esposa Nina, acusándolos de ser jefes de una asociación ilícita, responsable por la desaparición de personas. Hay pruebas de que la misma asociación instaló una infraestructura delictiva en todo el territorio provincial. La comandaban el comisario general Musa Azar y el mayor D´Amico, ambos actualmente presos. La trama atendía rubros tales como el cuatrerismo, la "piratería del asfalto", contrabando de mercaderías, casinos, prostitución, trafico de drogas, explotación de empresas agropecuarias...

Los campesinos del MOCASE esperan cautamente que los federales comiencen a desmantelar la red de complicidades, que bajo protección policial e indiferencia judicial, permite los numerosos atropellos y despojos a que vienen siendo sometidos desde hace años

1 Huaira Múyoj. En quichua: "Viento redondo que gira" .
2 Súmaj. En quichua "Lindo".
3 Sabzí. Piedra preciosa, de color ocre suave, tornasolada.
4 Michana. En quichua: "cosa digna de ser mezquinada".
5 Olga de Villalba. Referente principal de las últimas movilizaciones populares en Santiago. Madre de una de las jóvenes asesinadas, presuntamente por bandas parapoliciales, durante el mes de enero de 2003.

Recuadros

Denuncia del MOCASE

"El domingo 15 de febrero de 2004, un grupo armado al mando de Miguel Ángel Zurita, quien dice ser ex sargento carapintada al mando de Aldo Rico, con credencial de subdirector del Servicio de Seguridad Cóndor, entraron violentamente en la fracción 4 y 8 del Lote 5 ubicado en el Kilómetro 45 de la ruta Nº 116, del departamento Juan Felipe Ibarra de la Provincia de Santiago del Estero en la Región Chaqueña de Argentina.

"En esa comunidad viven y producen 27 familias campesinas, muchas de ellas de origen Tobas y Vilelas, productoras de vacas, cabras, cerdos, aves de corral; realizan un promedio de 10 hectáreas de algodón, 2 hectáreas de frutales temporarios, maíz, desde un enfoque agro ecológico sustentable, es decir, la agricultura se desarrolla preservando lotes de masas boscosas nativas y renovales autóctonos.

"En este mes de su permanencia del grupo ilegal armado, han matado 30 cerdos, más de 40 gallinas, incendiado 5 viviendas con todo lo que había adentro. Han destruido 5 hectáreas de sandías, zapallos y coreanitos, 28 hectáreas de algodón, volteado alambrados antiguos tendidos por las familias campesinas. Han contaminado un pozo de agua público y han desmontado con topadora en un día 20 hectáreas de bosques nativos. Y hace unos días mataron a balazos el caballo de tiro de una vecina que utilizaba para baldear el agua del pozo y como medio de transporte."

Luis Horacio Santucho:
"Las diferencias fueron promovidas desde afuera"

Lezama: *He oído hablar de que... hay división en el MOCASE. Me gustaría que me digas tu opinión sobre esto.*

Luis Horacio Santucho: En el año 2001, después de un gran congreso que se hizo a fines de 1999, el MOCASE entró en una etapa de crisis. Y se divide, formalmente, casi a finales de 2001. En dos sectores. A partir de ese momento, estos dos sectores no se han diferenciado, como suelen diferenciarse otras organizaciones cuando se dividen, sino que siguen llamándose con el mismo nombre. El equipo legal del MOCASE se opuso a la división, pero no logró evitarla. Es más, un sector -el que tiene su base en Quimilí- nos pedía la exclusividad en la defensa de "sus" campesinos. Nosotros no aceptamos esto, pues consideramos que todos los campesinos merecen nuestra atención legal. Además de que había litigios judiciales, que estaban emprendidos con todos los sectores del MOCASE... bueno, y a partir de ese momento, quedamos con un sector... que no es precisamente el de Quimilí... Ellos, al no conseguir nuestra atención legal exclusiva decidieron, entonces, distanciarnos de esos campesinos.

L.: *Cuáles son las características principales de lo que se plantean como diferencias entre los dos sectores.*

L.H.S.: En primer lugar, me parece que entre los campesinos nunca hubo diferencias... me parece que las diferencias han sido promovidas desde afuera, por determinados técnicos, especialmente en este caso por el C.E.N.E.P.P. (una ONG constituida por los técnicos). Este sector, con base en Quimilí, había asumido determinadas representaciones en el MOCASE, especialmente las relacionadas con vinculaciones internacionales. Con lo cual se accedía también a la atracción de determinados fondos, de las Agencias de Cooperación Internacional, para el financiamiento del MOCASE. Ellos evidentemente tenían el propósito de quedarse con el manejo de esos fondos.
Creo que de alguna manera ese ha sido el factor decisivo, a la hora de evaluar esta división. Un sector que no quería compartir con los otros los fondos de cooperación. Me parece que por ahí pasan las razones principales. Porque después se pueden poner cualquier tipo de pretextos, como la falta de asambleas, o que "no era representativo" un sector del MOCASE... A eso respondemos que podría haberse

superado con el consenso, con la discusión exhaustiva en las asambleas.

"Y aún creo que si hoy vuelven a juntarse los campesinos de los dos sectores, ni siquiera van a aparecer esas diferencias, que entonces se esgrimieron como motivos para la división. Me parece que ha sido un intento de un sector por tratar de hegemonizar políticamente y financieramente al MOCASE... y otro sector que se ha opuesto a ese manejo. Políticamente no hay, en realidad, diferencias. Porque la problemática del campesino es exactamente la misma: tanto en el norte, en el sur, en el este o en el oeste de la provincia."

Publicado en la revista Lezama, Buenos Aires, Año I, N° 3, mayo de 2004.

Santiago, animal de leche verde

(O *El arte del buen gobierno, según Mandinga*)

Tres culturas se yuxtaponen y pugnan en la provincia de Santiago. El naturalismo mágico, el utopismo feudal, el logos científico técnico de la modernidad. Como anillos magnéticos, impregnan los actos cotidianos. Ninguno prevaleció, aunque se mantuvo hegemónico el feudalismo. A esto se debe el perpetuo aire de indefinición local.

El desierto y La Salamanca

Bajo la única sombra del árbol crispado, un viejo sarnoso trenza hilachas de cuero. El joven jinete que busca poder y felicidad se detiene. "Por acá me han dicho que está la puerta de la Salamanca"..., se anima, entre circunloquios. El viejo ya lo ha estudiado, como para saber si es digno de entrar, si va a ser capaz de resistir aunque sea hasta la tercera prueba.

Aún en sus recovecos más sórdidos -serpientes negras alfombrando el piso, gigantescas arañas que caminan por la nuca, estalactitas donde se retuercen oscuros animales - la Salamanca es magnífica. Ni siquiera el viejo ha conservado su aspecto: despojándose de aquella cáscara, es ahora duende malicioso de galera y frac. O negro atildado en ropas pespunteadas... o vertiginosa mujer, guiando al osado hacia las profundidades. A medida que se van superando las pruebas, aumentan tentaciones y placeres. Hasta llegar a donde gobierna, directamente, Mandinga: *Sobre la cima del monte, el pedestal amplísimo. [...] alucinante de oropeles y pedrería. A su alrededor, trajinan como hormigas los servidores, tan armoniosos como bailarines. Doncellas bellísimas, cuyos cuerpos turbadores se insinuan bajo vestidos transparentes [...]* Esta leyenda entraña un arcano. El de la "verdadera realidad". Inquietud que ha acuciado a quienes lograron arañar la corteza de los objetos, desde Nietzche a Kavafis, pasando por Fernández (Macedonio) el gran porteño.

Santiago es como aquella ilusión del desierto bajo la cual se esconde una Salamanca. El viajero puede situarse ante un panorama terroso, con personas herméticas, dicharacheras, coléricas, simpáticas. Todo es falso. Quedándose un tiempo, tal vez descubra un poco de la "verdadera realidad". Estremecedora, cruel, magnífica, dulzona, feliz, vertiginosa: de acuerdo con la capacidad perceptiva del buscador, y sus inclinaciones particulares.

Las superposiciones

Cierto alemán dice: "Yo no me voy más de Santiago". Una mano toma la cintura de su joven compañera, aborigen sinuosa con ojos de tizón, mientras la otra levanta un vaso de vino. "No he escuchado nunca otras músicas como la chacarera", asegura. Un impenetrable cantor se concentra para el siguiente tema. Sin aplausos, pues nadie quiere perder ni el menor tañido de su guitarra encantada.

Esta es la Salamanca. Lo que ve el alemán y sus acompañantes. La otra realidad, que padecen a diario los más de 800.000 habitantes de Santiago, es su cara occidental: una pringosa trama de simulaciones y ansiedades, urdidas en torno a la necesidad. Insatisfecha siempre, pues al carecer de industrias, no hay modo de obtener recursos si no es a través de un apretado nicho en el erario administrativo. Una tercera realidad parpadea entre las languidecientes familias aristocráticas españolas, que han declinado su hegemonía o, aceptando "promiscuas alianzas" logran mantener algo de su antiguo empaque. Para explicar esta turbadora anfibología, se ha modelado la teoría de "superposiciones culturales". Según ella "la identidad étnico cultural del NOA surgió del choque, fusión, treguas y conflictos entre tres actitudes existenciales de diferente signo: el mito amerindio, la utopía feudal española y el logos científico técnico de la modernidad". (1)

El lector observará que no se habla aquí de "conquista" ni de "derrota". Sólo lucha, entre tres culturas, tres concepciones de la existencia, tres visiones del universo. Con algunas "fusiones", y "treguas". Lucha, que se prolonga hasta hoy, desde 1536, en que los españoles pusieron sus plantas por primera vez en la región.

El Rey Blanco

Santiago del Estero nació de una equivocación: las versiones de Francisco César. Enviado por Gaboto para buscar una rica ciudad, en noviembre de 1528 partió de Sancti Spiritu, con quince acompañantes. Según Ruy Díaz de Guzmán "...se encontraron en una provincia de gran suma y multitud de gentes, muy rica de oro y plata [...] cuyo soberano los recibió cordialmente y les obsequió con grandes riquezas". La lujuriosa urbanización parecía ubicarse, aproximadamente, donde hoy es Santiago.

En febrero de 1529 regresaron a Sancti Spiritu: los aborígenes habían exterminado hasta a los gatos. Debieron seguir hacia el Perú. Almagro, Diego de Rojas, Núñez de Prado y Aguirre, sucesivamente, se lanzarían a buscar La Ciudad. Almagro fue empujado por Pizarro, que no sabía cómo quitarlo de El Cuzco -donde sí había mucho oro y plata. Regresó pronto, sólo para ser ejecutado. Diego de Rojas murió entre espantosos delirios, inducidos por un dardo envenenado, en Salavina. Los siguientes pudieron asentar dos pueblos. ¡Pero... maimanta el oro y la plata! (2)

¿Tuvo una alucinación el grupo de César? En caso contrario, ¿dónde fueron a parar los suntuosos dominios de que hablaban? Nadie vería otra vez el fantástico reino. Veintidós años después, el 29 de junio de 1550, Juan Núñez de Prado fundaría la primera Ciudad del Barco. (3)

Datos

Santiago del Estero comparte numerosas características culturales con Tucumán, Catamarca, Salta, Jujuy. Un 75 por ciento de la población es de origen hispano-aborigen, un quince por ciento, árabe. Otro diez por ciento, aborigen. El cinco por ciento restante desciende de españoles, africanos, itálicos, etnias centroeuropeas, asiáticos. La provincia tenía 804.457 habitantes durante el censo 2001. De ellos, 325.792 en las ciudades centrales -Capital y La Banda-, separadas por un río con puentes anchos. 401.496 eran mujeres, 402.961 varones. Esta población habita sobre una llanura con 136.351 Km2 de superficie.

Inmensas extensiones han ido pasando de generación en generación a diversas familias, desde un tronco original. Un caso testigo es el de Estancia Sotelos. Sobre sus 36.000 hectáreas viven pocos cientos de personas, descendientes de un hidalgo. Se autoabastecen con solvencia, practicando cultivos diversificados y cría de animales. Han dejado el espacio abierto para un uso comunitario. En 1680, el rey otorgó este campo a J. J. de Sotelos, capitán. Luego se dividiría en partes iguales, que fueron entregadas a los dos hijos. Los pobladores de estos lotes son personas de talante humilde, con hábitos sencillos, mirada frontal, fuertes y bien alimentados. En sus casas uno puede sorprenderse al encontrar pantallas para energía solar. Desde el siglo XVII se respetó allí al inmenso bosque, con especies de todo tipo, tanto de árboles como de animales. Hasta 2002. Fue cuando empezaron a padecer violentos acosos e invasiones, para arrebatarles sus tierras. Empresarios tucumanos quieren destinarla al cultivo de soja.

Conflictos parecidos a este se libran actualmente, sobre gran parte de la extensión provincial.

El feudo

Aún joven, Felipe Taboada murió combatiendo contra Lamadrid, en 1853. Era pintor. No es lo más singular su profesión, sino la espasmódica parálisis que padecía en la mayor parte de su cuerpo. Hermano de Los Taboada, sobrinos de Juan Felipe Ibarra, brutal caudillo que refundó Santiago. Tenía en su taller todo tipo de máquinas que lo auxiliaban. A él debemos los retratos de Ibarra y personajes destacados de su época, con estilo sombrío. La mañana que supo de la invasión, sus hermanos estaban de viaje. Se hizo amarrar al caballo, y bajo el sobaco la poderosa lanza. Fajado así, combatió hasta morir.

Los Taboada fueron modelos de caudillos. Impenetrables, señoriales, viviendo entre lujos, capaces de castigar con crueldad. Gustaban rodearse de una nube esotérica. Así se presentaron ante su clientela Absalón Rojas, "El Gaucho" Castro, "Tata Eduardo" (1958)... y Carlos Arturo Juárez (666).

El modelo feudal se impuso a sangre y muerte sobre los aborígenes. Paulatinamente, la población masculina fue prácticamente eliminada, bajo tareas brutales o insuficiencia alimentaria. Sus mujeres utilizadas como sirvientas sexuales. Los mestizos gestados en el profuso acoplamiento nacieron *guachos*. Esto es, "sin padre". Pues los españoles no reconocían los hijos en indias.

Ningún régimen modificó sustancialmente la relación entre las clases dominantes y el pueblo: "El peón, hombre rudo y poco instruido, cuando vota lo hace siguiendo instrucciones y órdenes de su patrón. [...] normalmente es llevado en camión, con el voto en el bolsillo [...] su único ejercicio democrático es colocarlo en la urna, para luego participar de un asado y una borrachera". (4)

Brillantina

Navidad del Lawn Tenis. En los veredones se forman corrillos, mientras numerosos círculos desfilan por las boleterías. No hay lugar ya para las 4x4; de ellas bajan jovencitas, con rutilantes vestidos, siempre sobrios. Excepcionalmente, pequeñas audacias, transparencias o minifaldas. Los gigantescos árboles del Parque Aguirre rodean al inmenso club, con cinco piletas de natación -dos cubiertas-, cancha de tenis, básquet, fútbol, frontones para paleta. Ante mesitas coquetonas, esparcidas en el inmenso jardín, hay familias completas que cenan y bailan. Aquí concurren las clases privilegiadas de Santiago. Casi todos pertenecen, en realidad, a la burocracia administrativa. Santiago ostenta sólo tres o cuatro grandes fortunas. La mayor de Ick, un "emprendedor", que en treinta años de hiperactividad se adueñó de cualquier área que arrojase ganancias. Después los Castiglione, adinerados del siglo anterior, ahora debatiéndose para conservar el nicho. Si tuviesen que ir a lugares únicamente para ricos "les faltaría uno para estar solos" (Macedonio Fernández). Forzosamente deben estimular a las franjas siguientes, y así tener con quién departir. Muchos árabes saturan esas franjas.

Como contrapartida, esto ejerce gran presión sobre los admitidos. Médicos, abogados, contadores, pero también docentes, pequeños comerciantes, empleados con salarios de 1.000 pesos por mes. Que se ven en figurillas para acceder a un auto nuevo, vestuario adecuado o las cuotas de los clubes -pues ellos y sus hijos deben ser socios, al menos, del Jockey Club y el Lawn Tenis.

Las jóvenes suelen ser muy bonitas en las clases medias. Los muchachos agraciados. Cada vez más altos, encantan a los turistas por su desparpajo, esbeltez, extraña mezcla de razas que los ha dotado de un tipo de belleza singular.

Juríes en acción

El 16 de diciembre de 1993 estalló Santiago. Durante una siesta calurosísima, miles de manifestantes celebraron un ritual gigantesco. Sistemáticamente fueron incendiando los edificios del poder. Maestros, empleados judiciales, de Vialidad Provincial y de casi todas las reparticiones públicas, que venían manifestando porque les debían tres meses de salarios, comenzaron la quema. El primero en caer fue el coqueto edificio de la Casa de Gobierno. Bastó que los policías de la provincia bajaran las armas, agobiados por la extraordinaria presión, para que la multitud se adueñara del núcleo gubernamental. Luego de llamar con urgencia a los bomberos, el gobernador Fernando Lobo y sus ministros tuvieron que escapar subiéndose a la autobomba.

Después comenzaron a acudir de los barrios más pobres, puñados y más puñados de jóvenes sin trabajo, albañiles, plomeros, vendedores ambulantes, modistas, sirvientas. Como un ejército en operaciones, fueron dividiéndose en columnas. Un grupo quemaría los Tribunales, otro la Legislatura, tres más, las casas de los ex gobernadores Juárez e Iturre. Varios otros políticos padecieron la destrucción edilicia, que se había transformado en saqueo. En la casa de uno de ellos se suscitaron escenas jocosas, cuando los manifestantes menearon penes artificiales y cajas de *champagne* frente a las cámaras.

Enjambres de ciclomotores recorrían la ciudad. Nadie que no fuese un corrupto político sufrió daños en El Santiagueñazo. Este finalizaría cuando las fuerzas de Gendarmería Nacional, enviadas desde El Chaco, Salta y Tucumán, ocuparon por completo la ciudad.

La chacarera

Pocos músicos santiagueños que logran popularidad en el mercado mantienen la magia a que hacía referencia el alemán. Tal vez sea una condición inmanente al arte. En tal sentido reverberan las palabras de Michaux: "...un empresario me propuso tirar 100 mil ejemplares de cada uno de mis libros. Rehusé. Quiero regresar a ediciones de 200." (5) Algo misteriosamente desacralizante ocurre en el trayecto de la multiplicación. Se puede pasar la vida buscando una música, semejante a la escuchada al amanecer en algún incierto boliche. Y no encontrarla. Lo practican "hippies" furtivos, luego de haber escapado de las ciudades. Husmean en los carnavales, los rituales aborígenes, o ignotos festivales rurales. Chamaca Córdoba parece una de estas cazadoras. Desde muy joven se fue a vivir entre las montañas. Allí la atravesó una centella, mientras pintaba. Y sobrevivió.

Alfredo Ábalos también se parece a lo que deseaba Michaux. Con voz viril, algo metálica, transmite de inmediato la esencia cultural santiagueña. No busca publicidad, gusta estar en su modesto barrio la mayor parte de su tiempo. Frontal, suele tener problemas con los poderes cuando lo entrevistan. No por ser de izquierda o de derecha, sino por no temerle a hablar.

La cultura santiagueña es un rico yacimiento del cual emergen, aquí y allá, unos cuantos artistas, particularmente en la franja musical. Lo mejor para su evolución será dejarlos allí: cantando ante pequeños corrillos, que los escuchan sin respirar.

Fantasmas

"...io le digo a la Nina... ¡tanto que ha codiciado ese sillón!... ahora que ha llegado, io le digo: Nina, ¡te tienes que ir!..." La que articula eso, mirando fijamente las cámaras, es Olga de Villalba, madre de una sólo las chicas cuyos cadáveres torturados fuesen encontrados en La Dársena. Esto provoca erizamientos de piel. ¿Cómo es que de pronto una sencilla mujer puede hablar contra la gobernadora, y no le pasa nada?

Hace no más de seis meses, si uno osaba criticar a la *señora* Nina, los compañeros de mesa empezaban a ponerse incómodos y mirar a los costados. Es comprensible. Los soplones se mezclan entre la gente y forman parte de la sociedad. El estado clientelista y policial se reprodujo durante siglos aquí, aunque cambiase nombres o vestiduras.

La de 1993 fue una eclosión inesperada, preocupante para los caudillos. Sólo por muy corto tiempo. El lenitivo menemista primero, el regreso juarista después, hicieron parecer todo igual. Se lo tomó como un desahogo episódico, cual fueran en 1935 los incendios del Obispado, el Jockey Club y el diario, efectuados por una multitud, después que fusilaran al cabo Paz.

Fantasmas de aborígenes aletean, aún. Suele percibírselos en Mailín, donde 100.000 se reúnen cada año, durante una semana de fogosa devoción, baile, mercadeo, sexo y alcohol. O atravesando la Costanera un domingo a la siesta, sobre la vera del río, entre los gigantescos árboles, como otro cauce rumoroso, juguetón. Los cuerpos, brillosos, marrones, son cántaros que preservan el naturalismo mágico de los diaguitas, los sanavirones, juríes, tonocotés.

El logos científico técnico relumbró con pujanza efímera hacia fines del XIX, en la aparición de industrias metalúrgicas, obrajes e ingenios. Pronto serían barridos por el exceso de coimas, conque las agobió el feudalismo ibérico. Durante 1973 Juárez prometió tecnificación, concretada sólo en papeles. El Parque Industrial es hoy refugio de ratas.

Después de El Santiagueñazo, el *logos* hallaría oportunidad de afluir nuevamente, en tres áreas: la financiera, donde una impecable red de tecnología primermundista controla que no escape ni un centavo del vertiginoso sistema, succionante hacia un pequeño grupo. Luego en los medios que garantizan, con técnica envidiable, información inspirada en la *teidoatítalia* (Orwell). Por último en la siniestra infraestructura de vigilancia, compuesta por "agencias privadas", estrechamente imbricadas a las finanzas públicas y la estructura policial.

Nuevas tácticas de resistencia fueron adoptadas por los indígenas. Desde el invierno de 2003, miles recorren las calles cada viernes, tras anchos carteles, en paz. Los arcanos ojos de doña Olga Villalba, portadores de un dolor ancestral, parecen simbolizar esta etapa del ajedrez centenario.

(1) F. Gustavo Carreras. *Notas sobre la cultura política de Santiago del Estero*. Comunidades Eclesiales de Base, Santiago del Estero, agosto de 2002. También: Bernardo Canal Feijóo. *En torno al problema de la cultura argentina*. Editorial Docencia, Buenos Aires, 1980. Gaspar Risco Fernández. *Cultura y Región*. Centro de Estudios Regionales, Tucumán, 1990.
(2) ¡Maimanta! Expresión popular santiagueña, de origen quichua. Significa algo así como "¡De dónde!". Suele aplicarse cuando alguien acude o actúa motivado por mentiras o informes vagos, que resultan falsos. También cuando a alguien se le promete algo y luego no se cumple.
(3) José Néstor Achával. *Historia de Santiago del Estero*. Ediciones Universidad Católica de Santiago del Estero. Hay divergencias sobre el tema, ya que otros historiadores consideran como fundador a Francisco de Aguirre. Este asentó su poblado el 26 de julio de 1553. Tal fecha sería tomada oficialmente como la fundacional. La razón es que los pueblos de Núñez del Prado -un poco más al norte- desaparecieron por completo, mientras que el de Aguirre subsistió. El debate provoca airados conflictos entre los académicos locales.
(4) F. Gustavo Carreras. Obra citada.
(5) Citado por Octavio Paz, en "La mirada anterior", prólogo a *Don Juan*, de Carlos Castaneda. Fondo de Cultura Económica, México, 1979
Nota: El título parafrasea un poema de Jaime Dávalos: " [...] Porque América, tierra del futuro [...] Igual que la mujer, vence de echada".

Publicado en revista Lezama, Buenos Aires, Año I Nº 1, abril de 2004.

Juan Núñez del Prado: el primer desaparecido

El 7 de junio de 1555 Juan Núñez del Prado se disponía a partir desde Santiago de Chile hacia Santiago del Estero. Vendría a tomar posesión de nuestro gobierno, pues el máximo tribunal de Lima lo había restituido en su cargo, desestimando las acciones en su contra de Aguirre y Villagra.

Confiado en la legalidad de sus actos, hizo anunciar por bando público el dictamen y su partida del día siguiente. Pero cuando fueron a buscarlo para iniciar el viaje... Núñez no estaba. De ese 8 de junio, jamás fue encontrado y su familia no recibiría tampoco, nunca, el menor indicio acerca de su paradero.

Núñez del Prado se convertiría, de tal manera, en el primer desaparecido político, de una región que después iba a nombrarse como "América Latina". (1)

Buscando el oro de Santiago

Ya hemos dicho que las primeras expediciones españolas se precipitaron hacia lo que es hoy Santiago del Estero en busca de un mitológico imperio: el del Rey Blanco. Los europeos creían que en algún lugar de entre estas selvas, salinas o grandes mesetas y montañas, encontrarían toneladas de oro y plata, para librarse de trabajar durante todo el resto de su vida.

Así, antes de la definitiva, que consolidaría nuestra primer población, se efectuaron tres incursiones:

La de Francisco César, capitán de Gaboto, quien con 6 acompañantes salió desde el hoy Litoral argentino explorando el sur de nuestra provincia hacia el mes de diciembre de 1528.

Diego de Almagro, con un inmensa expedición compuesta por 500 españoles, 150 negros esclavos y 20.000 siervos indios, recorrería el norte de nuestra provincia en 1535.

Finalmente Diego de Rojas, con 200 españoles y un número no precisado de negros e indios peruanos –aunque muchísimos menos que los traídos por Almagro–, armó su expedición hacia Santiago del Estero en 1542, para morir aquí, a manos de los tonocotés, en 1543.

Ingresa Núñez del Prado

Luego de la dura guerra civil desencadenada por Pizarro, el sacerdote católico Pedro de La Gasca quedó al frente del gobierno en Lima. Entre quienes lo habían ayudado a desembarazarse de los pizarristas estaba Dn. Juan Núñez del Prado. Este era oriundo de Badajoz, habiendo nacido de un matrimonio formado por Dn. Bernardino del Prado y Dña. Francisca de Guevara.

Dentro de la política real de esparcir hacia todos los rumbos a hombres con mando de tropa, el Pbro. La Gasca persuadió entonces a Núñez de que el futuro inmediato podría brindarle riquezas incalculables si se lanzaba hacia el sur. Núñez contaba también en su favor la cualidad de ser un hombre de confianza para la corona.

Así, por medio de una Provisión Real, el gobierno de Lima encomienda a este conquistador la misión de ampliar las fronteras del Imperio Alemán. (2)

Con 100 voluntarios, tres sacerdotes católicos – Hernando de Gomar, Alonso Trueno y Gaspar de Carvajal–, además de un número no determinado de negros e indios peruanos, Juan Núñez del Prado partió de Lima cuando despuntaba la primavera de 1549.

El viaje resultó sacrificado por algunas lluvias y el ataque de los indios Humahuacas, de Jujuy, pero finalmente la expedición llegó bastante íntegra a su objetivo: lo que se consideraba El Tucma, o Tucumán.

A poco de armado el campamento, el 24 de junio de 1550 Núñez del Prado, escogiendo un sitio a orillas del Río Dulce, fundó la Ciudad del Barco. Este nombre había sido pensado para homenajear al Presidente de la Audiencia de Lima, el sacerdote Pedro de La Gasca, quien había nacido en El Barco de Ávila (España).

Villagra y Aguirre

Los indios calchaquíes, que habían observado durante todo el trayecto a los invasores, comenzaron a atacarlos pronto. Pero los europeos no sólo deberían soportar las guerrillas aborígenes: el conquistador Villagra, quien había partido desde el Perú hacia Chile para auxiliar a Valdivia, también los atacó.

De paso por Santiago, creyó que con un golpe de mano podría adueñarse de la novísima Ciudad del Barco, a la cual veía un futuro de prosperidad.

Para peor, Núñez del Prado había encontrado pepitas de oro en las inmediaciones de donde fundara su ciudad, lo que pronto llegó a oídos de todos los europeos.

Los soldados de Núñez pudieron resistir, pero ante la insistencia de los ataques de sus propios paisanos y de los indios, decidieron trasladar un poco más lejos a la ciudad.

Poco después Prado caería bajo los acosos de su contrincante Villagra, quien pidió ayuda a Valdivia el cual, desde Chile, envió a Francisco de Aguirre y sus hombres.

Aquirre, con 60 guerreros frescos y bien entrenados desbarató finalmente al ya deteriorado ejército defensivo del hombre de Carlos V.

Esto abrió un proceso bélico que iba a traer muy pronto la derrota definitiva de Núñez del Prado, su encarcelamiento, y una nueva "fundación" de la Ciudad del Barco, rebautizándola como "Santiago del Estero".

Con un método que se impondría como acción política hasta los tiempos de Ibarra y Taboada, Aguirre urdió un Cabildo Abierto, bajo presión de sus armas. Por medio de este hizo destituir a Núñez del Prado y legitimar su condición de nuevo gobernador. Núñez del Prado fue encarcelado, como reo de insubordinación y "resistencia a la autoridad".

Desaparición de Prado

La suerte pareció favorecer nuevamente a Núñez del Prado cuando murió Valdivia, aniquilado por las huestes mapuches de Lautaro. La codicia y ansia de poder de los caudillos europeos desató otra vez una caótica guerra por la sucesión.

Dentro de esta volátil situación política, los amigos de Prado consiguen presionar a las autoridades para obtener la liberación de su amigo. Esto ocurre poco después de las "fiestas" de Fin de Año, en 1553.

Inmediatamente Juan Núñez del Prado se traslada a Lima, y ante la Audiencia del Imperio presenta una demanda judicial contra Francisco de Villagra, por "actos de fuerza" contra la corona, y contra Francisco de Aguirre por el "golpe de mano para apoderarse de la Ciudad del Barco".

El más alto tribunal de justicia de América falla finalmente a favor de Prado, restituyéndole un año después, el 13 de febrero de 1555, su gobierno legítimo de la Ciudad del Barco. Este dictamen desconoce también el nombre de "Santiago del Estero", que Francisco de Aguirre había asignado a la población, luego de trasladarla por tercera vez.

Pero con toda ingenuidad, Núñez pregona a todos los vientos su alegría e invita a quienes deseen sumarse, para desarrollar lo que soñaba como una próspera metrópoli. Y como ya vimos, esto lo iba a convertir en nuestro primer desaparecido, cuando apuntaba ya el gélido invierno chileno de 1555.

(1) De un modo tristemente singular, Núñez del Prado estaba destinado a sufrir dos desapariciones: la primera física, la segunda –virtual– de casi todos los textos históricos posteriores, que asignaron la fundación europea de Santiago del Estero a su presunto desaparecedor.
(2) Transcribimos fragmentos de la Provisión Real:
"Don Carlos V, por la divina clemencia Emperador semper augusto, Rey de Alemania, doña Juana su madre y el mismo don Carlos por la misma gracia Reyes de Castilla, de León, de Aragón, de las dos Cilicias, de Jerusalem, de Navarra, de Granada, de Toledo, de Valencia, de Galicia, de Mallorca, de Sevilla, de Cerdeña, de Córdoba, de Córcega, de Murcia, de Jaén, de los Algares, de Algeciras, de Gibraltar, de las islas de Canaria, de las Indias, islas y tierra firme del mar Océano, Condes de Flander y de Tirol, Etc.
[...] Visto y consultado con el licenciado Pedro de La Gasca, del nuestro consejo, de la Santa Inquisición y Presidente de la nuestra Audiencia y Cancillería en la ciudad de los Reyes de los dichos nuestros reinos del Perú [...] acatando que vos Juan Núñez del Prado nos habéis servido y esperamos que nos serviréis de aquí en adelante [...] os cometemos y mandamos que vais con la gente que para ello fuere necesaria, a la dicha provincia de Tucumán y en la parte y sitio que os pareciere más conveniente para poblar pobléis un pueblo[...].
"Y así poblado el dicho pueblo, nombraréis regidores y otros oficiales de cabildo [...] y repartiréis los indios de dicha comarca que conquistareis y trajeres de paz, tasando los tributos y servicio que dichos indios han de dar primero y antes que a las personas a quien los encomendareis y pusieres en la posesión de los dichos repartimientos de ellos". (Archivo General de Indias. 48–5–11/18.)

Publicado en revista La Columna, Santiago del Estero, Año XIV, Nº 764, 2008.

Los Ibarra: una aristocrática tradición caudillesca

Juan Felipe Ibarra fue con seguridad el personaje más importante que tuvo Santiago del Estero en toda su larga historia. Por lo general se lo considera un gaucho rústico y afortunado, que supo combinar la fuerza física, el valor y la osadía con una gran astucia. Pocos saben que su familia venía gobernando directa o indirectamente nuestra provincia desde ya dos siglos atrás.

Un espantoso terremoto

El 4 de julio de 1817 intensos temblores de tierra comenzaron a sacudir la ciudad de Santiago. No se detendrían hasta el día doce -ocho días después-, repitiéndose con intervalos de horas. Las casas más precarias cayeron, como si fuesen de arena y las estuviese abatiendo un temporal.

Cundió el terror. El día 6, la mayor parte de la población humilde se había reunido en la plaza, frente a la Iglesia Catedral, para implorar a Dios. Sacerdotes compungidos celebraban impetratorias, intercalando sermones.

Se repetían los temblores. Más ranchos caían. De pronto se desbocó una yunta de caballos que tiraba un carro y despidiendo a su conductor comenzaron a disparar con ofuscación, derribando lo que encontraban a su paso. La histeria se generalizó. Gritos de mujeres, niños que huían despavoridos, hombres que trataban de apartar a su familia para quitarlos del furibundo paso de las bestias, que se habían convertido en una tromba mortífera.

Entonces, como una visión de un sueño, de entre la multitud surgió un joven militar, quien poniéndose en el centro de la calle esperó a los animales, con gesto firme. De un salto, atrapó las riendas de ambos brutos con cada mano, y en la polvareda que siguió se vería de pronto emerger una escena increíble: con gritos y forcejeos, había logrado detener sus ímpetus enloquecidos.

Era Juan Felipe Ibarra. Tenía 30 años, revistaba como capitán de caballería del Ejército Nacional. Y a partir de entonces tomó el liderazgo de aquella multitud sin guía.

No sólo organizó en grupos la solidaridad con los damnificados, sino también estableció pautas para afrontar la emergencia hasta que remitiera.

Poco tiempo después, iba a ser el hombre que determinase la configuración geográfica de nuestra provincia, y la gobernara ininterrumpidamente, por más de 30 años.

Muchas personas saben que Ibarra fue nuestro caudillo más importante. La mayor parte de ellas imaginan a un hombre rudo, voluntarioso, temerario, que llegó al poder únicamente gracias a una mezcla de tenacidad y suerte. Lo suponen además un emergente aislado, que, como otras individualidades exitosas, supo gestarse a sí mismo, "de la nada".

Se equivocan.

Ibarra provenía de una de las familias más aristocráticas y tradicionales que pisó la superficie de Santiago del Estero en toda su larga historia.

Una familia que en realidad, de un modo u otro, no había estado ausente de las decisiones políticas de nuestra provincia en los últimos dos siglos antes de que él gobernara.

Un hombre educado

El mismo Ibarra, de quien se ha hecho un retrato histórico distorsionado, no era un personaje agreste.

Hijo del Oficial Mayor don Felipe Matías Ibarra, al morir este en 1789, dejándolo bajo la protección de su madre a los dos años, su educación quedaría en manos sacerdotales.

El padre Mariano Ibarra, hermano de su padre, se encargaría pues de guiar al niño Juan Felipe por las sendas del conocimiento regular.

Dos sacerdotes jesuitas, Juan José y Domingo de la Paz y Figueroa, también parientes cercanos de su familia, supervisarían dicha educación.

En la familia Ibarra había además otros dos sacerdotes: el presbítero Manuel Antonio Ibarra y el cura párroco de Salavina, Don Basilio Ibarra. Este último fue candidato a ocupar un escaño político, como diputado para el Congreso de Tucumán, en 1816.

Descendiente de antiguas familias españolas, Juan Felipe Ibarra podía ostentar sus vínculos con personajes nobles como el barón de Almonáster, Dn. Gonzalo Martel de la Puente y Guzmán, o el Señor de la Torre de Palencia y Santiago, don Cabrera Zuñiga de la Zerda. También revistan entre sus antepasados algunos de los más prestigiosos conquistadores españoles, como don Juan Jacobo de Pimentel o don Juan Ramírez de Velazco.

Más conocida es su vinculación familiar con María Antonia de Paz y Figueroa, llamada popularmente "La Beata Antula".

La Villa de Matará

Hacia 1850 Matará no sólo constituía la Cabecera Parroquial de la que dependían los curatos de Mailín, Guaipe, Lojlo, La Brea, La Guardia y Reducción, sino que era también la comunidad más poblada de toda la provincia. Con más de 17.000 habitantes, superaba a la capital y todos los otros poblados de nuestro territorio, que en conjunto apenas sumaban unas 10.000 personas.

Pero su prosperidad e importancia política no era reciente. Ya hacia 1600 Matará es considerada la zona más rica de esta región, donde se practica todo tipo de artesanías, sustentando además sus ingresos económicos en una ordenada producción agrícola y ganadera.

Y ya en 1660 encontramos gobernando esa rica jurisdicción a un Ibarra: se trata de Don Juan de Ibarra y Argañarás de Murguía, "Maestre de Campo y Señor de las Encomiendas de Ampata, Ampatilla y Atacama".

Dos de sus descendientes inmediatos ostentarían también cargos públicos y dignidades militares importantes. Don Simón Gerónimo de Ibarra Argañarás y Busto, y Don Francisco Xavier de Ibarra y

Bravo de Zamora, serían, respectivamente, "Sargento Mayor de la Plaza de Santiago del Estero" y "Señor de la Encomienda de Ansigasta".

Los Ibarra no eran los únicos hidalgos, terratenientes y propietarios de centenares de indígenas que utilizaban para trabajar la tierra como mano de obra prácticamente esclava. Y por lo tanto, mantener el estatus de familia rectora constituía una permanente disputa con otros pretendientes a dicho sitial en la sociedad de Matará, como dijimos por entonces más importante que la mismísima capital.

Así, década tras década se suceden enfrentamientos políticos, judiciales o incluso armados, que van forjando una experiencia histórica sin par en esta familia.

Forcejeos por el poder

Hacia 1720 el hidalgo santiagueño Don Gerónimo de Peñaloza, Alcalde Mayor de la Santa Hermandad de Santiago del Estero, disputa el dominio también de Matará. Se sucede una larga puja jurídica, después de la cual Peñaloza obtendría por fin ser confirmado por la corona de España con el título de "Encomendero de Indios en Matará".

Pero en 1727, y luego de también trabajosas disputas, es desplazado por Don Joseph de Aguirre, quien con el apoyo del Cabildo de Santiago del Estero y venia de la Corona, toma para sí el puesto anteriormente ostentado por Peñaloza.

Los Ibarra se sostienen sobre la producción económica de sus tierras, saben ya dar un paso al costado cuando resulta conveniente y esperan su oportunidad.

Esta volvería a presentarse 30 años después. Pero sería muy bien aprovechada por la familia, como se verá.

En efecto, hacia 1765 encontramos a Don Simón Gerónimo de Ibarra y Xeres como "Alcalde de Santiago del Estero y la Santa

Hermandad", con jurisdicción asimismo en la rica Villa de Matará. Este gobernador mantendría su puesto por veinte años, hasta 1785.

La Independencia Nacional

Ya a principios del siglo XIX, hallamos nuevamente a un adolescente Juan Felipe Ibarra cursando sus estudios secundarios en el Colegio de Monserrat, Córdoba. Como se ve, su historia personal dista mucho de ser la de "un gaucho iletrado".
La oportunidad de su primera acción militar se presenta con las Invasiones Inglesas.
Así, en 1810 revista como oficial del Cuerpo de "Patricios Santiagueños", un batallón de 300 hombres comandado por el joven Coronel Juan Francisco Borges -tatarabuelo de Jorge Luis-.
Entre los santiagueños que cubrieron de gloria sus primeras armas junto a Ibarra se contarían también el capitán Pedro Pablo Gorostiaga, el teniente Gregorio Iramaín y los oficiales Severo Ávila, Lorenzo Lugones, y Pedro José Cumulat.
Poco después del pronunciamiento patriótico de 1810, uno de los primeros lugares de la futura Argentina de donde saldrían milicias armadas para defender la Independencia sería Matará.
El joven Juan Felipe Ibarra, ayudado por su tío, el sacerdote católico Juan Antonio Paz, recauda donaciones de los hacendados para formar un ejército que, a su mando, se pondría a las órdenes del general Belgrano.
Entre 1810 y 1820 se desarrollarían en Santiago del Estero sórdidas disputas que entre otras conllevarían la tragedia del fusilamiento de Borges.
Ibarra, si bien simpatizaba con el sector encabezado por Borges, se mantiene al margen disciplinadamente y acata la autoridad militar. Demuestra en esto, evidentemente, la extensa tradición de su familia en el ejercicio y consecución del poder.

Recién con motivo de las inaceptables condiciones en que Buenos
Aires pretendía sujetar nuestra provincia a la jurisdicción de
Tucumán, exhibe clara y abiertamente sus dotes de caudillo.
Pero esta ya es otra historia, que esperamos desarrollar, Dios
mediante, en próximas entregas.

Publicado en La Columna, Santiago del Estero. N° 754, 8 de mayo de 2008.

Ibarra o el Espíritu de Santiago: Un caudillo que representa la identidad más profunda de nuestra sociedad

A las 9 de la mañana del 1 de enero de 1817 fue fusilado en Santo
Domingo el coronel Juan Francisco Borges.
No se conoce que Juan Felipe Ibarra hubiese levantado siquiera un
dedo para evitarlo.
Ibarra por entonces revistaba también como oficial destacado en el
ejército que, bajo las órdenes de Belgrano, combatía por nuestra
Independencia Nacional.
Es que Borges e Ibarra eran, caracterológicamente -y también en su
práctica de la política- sumamente distintos.
Borges tenía todas las virtudes y defectos de los agraciados.
Buenmozo, temperamental, acostumbrado a ser tratado como un
Señor, el cálculo no tenía sitio entre los recursos que consideraba
aceptables.
Se sabe que con su amigo Martín Miguel de Güemes eran
considerados "el terror y la miel de las chinitas" de la sociedad
norteña.
Ibarra, en cambio, era reservado y racional.

La prematura desaparición del padre había impuesto a su familia una economía austera. No era alguien considerado atractivo por las mujeres.
Prueba de ello, tal vez, es que su matrimonio con una joven de la aristocracia salteña duraría... apenas una noche.

Los primeros pasos

Juan Felipe Ibarra nació el 1º de Mayo de 1787 en la localidad de Matará, Santiago del Estero.
Mientras esto sucedía, en los nacientes Estados Unidos se daban los toques finales a la nueva Constitución de ese país. Poco después sería presentada en Viena la considerada Opera Magna de Wolfgang Amadeus Mozart, Don Giovanni. Algo más tarde -en 1789- comenzaría en el Cuzco la rebelión antiespañola de José Gabriel Condorcanqui -más conocido como Túpac Amaru.
¿Y qué ocurría en Santiago?
Una enfermedad presuntamente originada en el agua sin filtrar inquietaba a las autoridades. Esta era llamada "el coto". Consistía en una protuberancia que se formaba sobre el cuello.
Mucho más frecuente en las clases populares, atacaba también, sin embargo, a los aristócratas locales. Debido a ello se había determinado, algunos años atrás, expulsar a todos "los forasteros casados" de la capital.
Dentro de la paranoia propia de toda epidemia, se los consideraba, aparentemente, culpables del aumento social del "coto". Como estas familias solían levantar ranchos precarios cerca de las orillas del Río Dulce, hacían también pozos allí para recoger agua.
La contaminación era adjudicada a que, por indolencia, muchas sirvientas recogían agua de esos pozos insanos, en vez de hacerlo directamente del río.
El coto martirizaba la imaginación, sobre todo de las niñas agraciadas de nuestra sociedad. Puede imaginarse lo feo que era ver a

una muchacha con esa pelota desproporcionada que se formaba bajo del mentón.

Santiago era por entonces, como dijimos, mucho menor en importancia económica y edilicia que Matará. Apenas un pequeño núcleo de casas mayormente levantadas con adobe, con calles de tierra y grandes arboledas.

Por lo demás, la sociedad provincial estaba rígidamente dividida en castas. La más alta era de ascendencia española. La servidumbre, en tanto, era reclutada entre los mestizos e indios.

De estos últimos iban quedando ya muy pocos genuinos, debido al exterminio de sus varones por superexplotación y la paulatina absorción de sus mujeres a través de una sexualidad subalterna.

Nuestra provincia dependía entonces de Salta, donde residían las autoridades civiles y eclesiales. Gobernaba, cuando nació Ibarra, Dn. Ramón García de León y Pizarro. Nacido en Argelia, África, Dn. Ramón era Marqués de la Casa de Pizarro, Vizconde de Nueva Orán, Brigadier de Infantería de los Ejércitos Reales y miembro de las órdenes religiosas y caballerescas de la Gran Cruz de la Orden Calatrava.

Tanto los gobernantes civiles como eclesiásticos tenían por entonces poco interés o aprecio por Santiago.

Así, el obispo de entonces, Angel Mariano Moscoso, no oculta su reprobación en las pocas líneas que nos dedica. La capital santiagueña presenta "un pésimo estado edilicio", según el informe del obispo Moscoso a sus superiores.

No sólo esto, sino también una muy baja "Cultura en lo moral, pues a más de notarse estilos" de vida que "desdicen a la civilización, conserva la lengua quichua casi por idioma dominante de todos su vecinos".

El militar Ibarra

A los dos años de edad, el futuro caudillo de Santiago perdería a su padre. De inmediato la extendida y linajuda familia extendería sus alas protectoras sobre este niño.

Ello no quitaría las estrecheces económicas a su hogar, pero le permitiría educarse con un nivel que se consideraba adecuado a su condición aristocrática.

Así, Juan Felipe cursaría sus estudios secundarios en el prestigiosísimo instituto religioso cordobés Monserrat.

En 1811 entró a servir en la naciente fuerza militar Argentina como Subteniente del Ejército Expedicionario al Alto Perú.

Combatió contra las poderosas fuerzas españolas en las victorias patrióticas de Las Piedras y Tucumán, adquiriendo prestigio de valiente y templado.

Debido a ello y a otras acciones donde se destacaría, el general Manuel Belgrano lo envió, con el grado de Capitán, a resguardar la frontera norte de Santiago del Estero. No estábamos seguros de la lealtad Cordobesa contra los españoles: esa misión, pues, representa un signo de confianza en el santiagueño, por parte del entonces jefe de nuestras fuerzas nacionales.

En julio de 1817 sobrevino un terremoto espantoso, como ya se narró en el artículo anterior, que prácticamente destruyó la parte más humilde de nuestra capital.

También ya se dijo que la templanza y sobrio carisma demostrado por el capitán Ibarra, así como su capacidad organizativa, afianzaron un prestigio que se había ido perfilando en episodios anteriores.

1817 fue el año, también, de la promulgación nacional de un Reglamento Provisorio, cuyo propósito era el de cumplir un rol constitucional.

Aprobado por el Director Supremo Juan Martín de Pueyrredón, era centralista y unitario. Entre sus cláusulas, que sellaban la absoluta subordinación de las provincias a la autoridad nacional, estaban las razones que habían llevado a rebelarse al infortunado Borges.

Ibarra no acordaba con ese Reglamento. Pero supo callárselo hasta que llegó el momento oportuno.

Este se presentó cuando el gobernador de Tucumán -de quien dependía Santiago- envió una fuerza militar a nuestra provincia para supervisar las elecciones. Los militares tucumanos, mandados por el capitán Juan Francisco María de Echauri, cometieron toda clase de excesos en esta ciudad.

No sólo presionaron a los electores para obtener el resultado que buscaba Tucumán, sino violentaron a la población, abusaron de su hospitalidad y se comportaron con gran desprecio a sus costumbres e idiosincracia.

Ante esa calamitosa situación fue que un grupo de ciudadanos notables y algunas autoridades electas, convocaron al comandante de Abipones, Mayor Juan Felipe Ibarra, para que los librase de quienes actuaban como invasores.

El primer gobernador legítimo

"No puedo ya más ser insensible a los clamores con que me llama ese pueblo en su auxilio, por la facciosa opresión que sufre indebidamente de Usted", dice Ibarra en su ultimátum al capitán Echauri, entregado por el Sr. Faustino Silvetti en el Cabildo a las cuatro de la mañana el 31 de marzo de 1820. "Me encuentro ya a las inmediaciones de ese pueblo y si Usted en el preciso término de 2 horas del recibo de esta intimación, que desde luego le hago, no le permite reunir libremente un Cabildo Abierto para manifestar su voluntad, cargo con toda mi fuerza al momento."

Echauri intentó una maniobra dilatoria, encargando al Cabildo la redacción de una respuesta donde se consignaban ambigüedades.

Pero cumplido el plazo de las dos horas, Ibarra atacó y derrotó completamente a las fuerzas opresoras, cuyos restos debieron huir como pudieron hacia Tucumán.

Al mediodía todo había terminado.

El pueblo, reunido en las calles, recibió con ovaciones al vencedor que llegó rodeado de su guardia personal, hacia las 11:30, a lo que hoy llamamos Plaza Libertad.

En ese mismo momento, fueron convocados los vecinos a un Cabildo Abierto, que presidiría don Pedro Pablo Gorostiaga. Este propuso "nombrar un teniente gobernador político y militar interino", hasta que por voluntad popular unánime se designara un gobernador definitivo.

El historiador Vicente Sierra considera que este sería el acto soberano que determinó, de hecho, la Autonomía santiagueña. Más adelante, vendrían las leyes. Pero la voluntad popular ya se había manifestado muy claramente.

Para el cargo de teniente gobernador fue elegido, entonces, el comandante de Abipones, don Juan Felipe Ibarra. Tenía, a la zazón, 33 años de edad.

Desde aquel día, hasta el de su muerte, ocurrida a los 64, el 15 de julio de 1851, iba a gobernar ininterrumpidamente nuestra sociedad.

La Pasión de Ibarra

El día que Ibarra pone en fuga a las fuerzas tucumanas era Viernes Santo. Refiriéndose a ello, Di Lullo escribió: "mientras Jesús moría en la Cruz, Santiago del Estero nacía como provincia autónoma". Pero los tucumanos no se quedarían tranquilos tan fácilmente. Empeñados en constituir la República Autónoma del Tucumán, era imposible que renunciasen a una superficie territorial que constituía prácticamente el fragmento mayor de todo su posible territorio.

Esta idea de la república era alentada por el gobernador Aráoz y sus seguidores debido a la caótica situación que atravesaba la nación entera.

En efecto, los caudillos federales Artigas, López y Ramírez estaban poniendo en jaque al autoritario gobierno central de Buenos Aires.

Bajo esta circunstancia, Córdoba procuraba también su propia Constitución independiente.

Así que los tucumanos, con una fuerte guarnición militar que los respaldaba, no quisieron quedarse atrás.

Menos de 24 horas después de la huída de sus militares de nuestra provincia, el gobierno de Tucumán ordenó volcar una poderosa fuerza a pocos metros de la frontera con Santiago. Esta comenzó de inmediato e efectuar ejercicios de combate, en una clara advertencia a las flamantes autoridades santiagueñas.

Pero Juan Felipe Ibarra y los autonomistas santiagueños tampoco iban a ceder. Mostrando asimismo el talento político que había adquirido de su tradición familiar, el gobernador santiagueño envió una delegación de prohombres destacados a negociar con los tucumanos.

Mientras tanto, se preparaba la magna Asamblea Legislativa y Constituyente que, con toda la fuerza que otorga el apoyo popular, iba a dictar, el 27 de abril de ese mismo año, nuestra completa Autonomía Provincial.

Publicado en La Columna, revista de información semanal. N° 755, 15 de mayo de 2008.

Santiago del Estero:
La muerte invade campos

36.000 hectáreas de montes están en peligro de ser aniquilados en la tradicional zona denominada Sotelos, al noroeste de la provincia de Santiago del Estero.

Los pobladores de estos campos están siendo hostigados con todo tipo de acciones violentas para expulsarlos de sus propiedades. Los atacantes son empresarios, quienes envían a sus hombres, armados, para desmontar con grandes máquinas áreas que desean destinar al cultivo de soja o algodón.

El sábado 19 de octubre de 2002 Marcelo Frías despertó en medio de la noche por el ruido de las máquinas. Sin pensarlo mucho salió al campo, absolutamente desarmado. Durante siglos su familia había habitado aquel lugar, lo conocía como a la palma de su mano.

A unos dos kilómetros de su vivienda, se encontró con las máquinas topadoras, que a gran velocidad echaban abajo los pequeños árboles de la franja que habían elegido para abrir una "picada". Reconoció a quien los comandaba: se llama Arturo Antonini, un empresario agrícola de la ciudad de Tucumán. Lo interpeló en el acto, ordenándole parar la invasión, pues los terrenos que pisaban pertenecían a una propiedad comunitaria.

Antonioni le dijo que se apartara, y le señaló hacia atrás: allí había un grupo como de diez hombres fuertemente armados, con escopetas y revólveres de grueso calibre.

Esta narración consta en el expediente Nº 639/02, en denuncia penal interpuesta ante el juez del Crimen de Termas de Río Hondo, Rolando Pettinichi. Firman esta denuncia 10 jefes de familia de la Estancia Los Sotelos, que padecieron incursiones semejantes. Los patrocina el abogado José Ramón Cuevas.

El juez Pettinichi falló a favor de los pobladores, dictando -con fecha 19 de junio de 2003- una medida de No Innovar, mientras se sustancia la causa.

Previamente, y ante los primeros hechos denunciado, había cursado a los invasores la orden de abandonar los campos, con sus máquinas. Pero salvo una retirada presurosa en los primeros días, los poderosos empresarios que utilizan esta estrategia ilegal de ocupación regresaron. Ahora continúan desmontando amplias áreas de esta propiedad. Es que al parecer cuentan con altos protectores a nivel gubernamental, e incluso la complicidad de la policía de la zona.

Los Sotelos

En la Vieja Estancia Sotelos viven cientos de personas, descendientes de los pobladores originales, a quienes fue adjudicado este territorio en 1680.

Ellos viven humildemente del cultivo diversificado y la cria de animales. El espacio vital es compartido, ya que sus propietarios originales han dejado este espacio abierto para el uso de toda la comunidad.

El condominio, de 36.000 hectáreas, se ubica en los departamentos Río Hondo y Jiménez, al noroeste de la provincia de Santiago del Estero. La historia de su posesión está perfectamente documentada y es la siguiente: En 1680, se otorgó esta fracción al capitán J.J. de Sotelos, "siendo sus linderos al Norte la merced de Tenene y Tres Cruces, al sur el Río Dulce, al este la merced de Juárez y al oeste la merced de los Gallardos" -según consta en Cédula Real. Luego del fallecimiento del capitán Sotelos se dividió el campo en dos partes iguales, que fueron entregados a sus dos únicos hijos en propiedad. Esta división se mantiene hasta el día de hoy, denominándoselas Lote Uno y Lote Dos. Los principales pobladores de estos lotes son descendientes directos de los hijos del hidalgo español. Pese a estos títulos, se trata de gente humilde, con hábitos sencillos y dedicados a labores agropecuarias. Ellos sólo aspiran a vivir en paz, conservando sus hábitat natural.

Desde muchas generaciones atrás se destinó estas inmensas tierras al uso común. Su cultivo y aprovechamiento es libre, siempre que sea en medidas racionales. Desde el siglo XVII no surgieron problemas jamás y hasta el año 2002 el inmenso monte natural, con sus especies de todo tipo de animalitos que lo pueblan, se conservó intacto.

Es que estos habitantes absorbieron además la cultura aborigen, mixturándola a su acervo español. Los mitos regionales indican la protección del bosque, el respeto por los animales, la mesura en el uso de los recursos que provee la naturaleza.

Las tácticas de los invasores Tanto Antonioni como Budeguer -ambos empresarios tucumanos- utilizan una táctica aviesa para ocupar los campos comunitarios. Es la del "encierre", utilizada por otros depredadores agrícolas en muchos sitios de Santiago del Estero, asesorados por venales ingenieros y otros técnicos.

La táctica del "encierre" consiste en comprar pequeñas fracciones de tierra en un lote de mayor amplitud.

Estas fracciones -45 hectáreas, 120 hectáreas-, adquiridas en cantidad de cuatro o cinco, rodean o encuadran el terreno mayor que se aspira usurpar.

Tomando como vivac estratégico estas propiedades, los usurpadores primero desmontan e instalan galpones, maquinarias, viviendas de campaña, etcétera, montando una base operativa en el lugar. Desde allí, luego, se lanzan con poderosos equipos a desmontar y posteriormente alambrar para anexarlas, cantidades crecientes de tierras que van incorporando a su propiedad. Hasta llegar a completar el cerco. Y si tienen éxito, con la adquisición de menos de 100 hectáreas suelen hacerse de 5.000, 10.000, o más (como en este caso, en que aspiran a 36.000) Tienen recursos económicos suficientes para ello y pueden emplear cientos de peones (a quienes contratan por sumas miserables), manejando incluso alta tecnología satelital para la determinación de sus objetivos y sus comunicaciones. Lo han hecho en varios lugares de nuestra provincia, y lo continúan haciendo. Esta vez le tocó a Los Sotelos.

Por cierto, nada de esto sería posible sin la complicidad de la policía, jueces de paz y otros, funcionarios gubernamentales, legisladores, burócratas administrativos, etcétera. Mientras los reclamos de los humildes pobladores -con frecuencia semianalfabetos- se estrellan contra una maraña inextricable, a miles de kilómetros de distancia pues no existen delegaciones administrativas del Estado en su zona, los invasores consiguen "posesiones provisorias" u otros beneficios con la velocidad de la luz, desde los cómodos bufetes de sus abogados en la ciudad.

Embajadores de la muerte

Los invasores, para ganar tiempo, muchas veces queman el monte con todo lo que tiene adentro, aniguilando además numerosos animales de todo tipo, pequeños y grandes. Su propósito es cultivar lo que rinda mayor beneficio en el más corto plazo, sin importar las consecuencias. Ellos no son de aquí, jamás vivirán en esta tierra e incluso generalmente no la conocen: envían a personas contratadas o agricultores pequeños que trabajan para ello.

Un ejemplo concreto es el del gran magnate Soros, que el año 1999, ante la necesidad de algodón de sus fábricas en Europa, adquirió miles de hectáreas en el límite entre Santiago del Estero y El Chaco. Allí vino en su nombre un portugués, que vestía con botas de cuero y sombrero al estilo cangaceiro. Este personaje, usando una gavilla de mercenarios europeos y un ejército de peones, mandó quemar todo el bosque de ese inmenso territorio, cuyos árboles pertenecían a especies rarísimas, y que en algunos casos demoran 200 años en alcanzar su edad mayor. Miles de animalitos salían huyendo del cruel incendio (otros miles seguramente fueron achicharrados adentro). El generoso portugués mandó a cientos de peones a la caza y remate de los pecaríes, guasunchas (especie de cervatillos) y otros animalitos, "regalándoselos" para alimento de esa pobre gente, sus empleados por algunos meses.

Un fallo favorable El juez de Las Termas de Río Hondo, Santiago del Estero, Dr. Federico Pettinichi, ha confirmado las razones de los humildes campesinos que habitan el lugar. Él ha ordenado a los intrusos abandonar con sus máquinas los terrenos comunitarios que estaban desmontando. Pese a ello, la acción de los deprededadores continúa, con el apoyo de la policía local, pues disponen de gran poder económico. Ellos han insinuado que también de contactos con el gobierno de la Provincia de Santiago del Estero que los protegen.

Los pobladores de la zona quieren iniciar un proyecto racional de protección del bosque y desarrollo de las especies locales de árboles, algunos de ellos únicos en el mundo.

Para esto se ha solicitado a la Universidad de Santiago del Estero, a través de su Facultad de Ciencias Forestales, el envío personal técnico a la zona. Ello para elaborar un Proyecto de Producción, "que partiendo de las características propias de la Estancia Sotelos y potenciándolas, beneficie a todos los pobladores", según manifiesta la nota presentada.

Los legítimos pobladores de Los Sotelos se proponen: "desarrollar la masa forestal nativa, a través de proyectos locales de bosque nativos y su enriquecimiento con especies forestales de algarrobo blanco, quebracho blanco, guayacán, itín; "[...]incentivar la cría de ganado criollo, seleccionando planteles locales en vacunos, caprinos y yeguarizos; "[...]desarrollar un proyecto apícola con la base del monte natural que permita una miel diferenciada.

"Tal proyecto piensa en plural, en la búsqueda del beneficio común de todos los pobladores, y lógicamente es lo contrario del proyecto individual de `salvación´ elegido por unos pocos pobladores, de vender sus lotes para favorecer un esquema indiscriminado de desmonte, para producción de granos, que será rentable durante cinco años, y que degradará los suelos, con mínima inserción de mano de obra, ya que todo es mecanizado" (fragmentos de la presentación ante la UNSE).

Publicado en varios medios argentinos, españoles y en Alemania. 4 de octubre de 2003.

Las topadoras del lucro pueden acabar con la biodiversidad
El Vía Crucis de Julio Galeano

Julio Marcelino Galeano es un santiagueño oriundo de Bandera, tierra de agricultores y ganaderos. Como muchos de nosotros, en su juventud se fue a Buenos Aires, en busca de horizontes económicos más amplios. Allí pasó gran parte de su existencia, que hoy ya supera los 60. En los 80, cumplió con la coronación del ciclo santiagueño en la diáspora: regresó. Con algunos pesos que había juntado compró un campo, en el departamento Moreno, y no le cambió el nombre, pues llevaba uno ya tradicional: Santa Ana.
Julio Marcelino Galeano ama el monte, los pájaros y los animales. Como todos los campesinos santiagueños, que durante siglos habitaron este espacio sagrado sintiéndose parte de él y no sus dueños. Con el valor agregado que trajo de la gran ciudad, Julio introdujo sin embargo novedosos elementos: la organización solidaria, la tecnología posible, la educación necesaria.
En poco tiempo, junto a los antiguos pobladores, construyó una escuela, organizó un grupo comunitario, instaló una FM, logró el implante de un teléfono comunitario.
En veinte años y con el entusiasmo de los campesinos, jóvenes y viejos, hombres y mujeres, docentes y jornaleros que habitan los parajes de Santa Teresita, Elsita, Santa María, El Puesto, El Aibal, María Angélica, San Isidro, todas aledañas al campo de Julio, montaron un grupo electrógeno para proveerse de electricidad, formaron una cooperativa rural, instalaron dos antenas satelitales para ver televisión, y lograron construir un campo deportivo, completamente iluminado. Impulsaron además programas educacionales, cursos para el mejoramiento de los cultivos y del ganado vacuno, caprino y porcino, lecciones de ecología. En todo esto contaron con la ayuda de la familia de Julio, quienes desde

Bandera u otras localidades, apoyaron desde un principio su emprendimiento solidario.

Las cosas anduvieron bien hasta el año 2001.

Ese año, la crisis Argentina puso a los medianos ahorristas en una febril agitación, para movilizar sus fondos recuperados en inversiones controlables. Muchos medianos productores cordobeses pusieron sus ojos entonces en los campos santiagueños: baratos, anchísimos, sin títulos claros, con amplias posibilidades de explotación. Los más audaces se abalanzaron sobre esta provincia, vendiendo sus propiedades cordobesas para comprar otras diez veces más grandes aquí y quedar con plata en el bolsillo encima.

"Santiago tuvo la mala suerte de quedar como epicentro de las especulaciones inmobiliarias, por ser una zona considerada marginal y con precios deprimidos", se lamenta Julio Galeano en conversación con @DIN.

"Muchos cordobeses vinieron con el simple afán de alambrar miles de hectáreas, desmontarlas completamente, generar algunas instalaciones sólo para venderlas después al menos por cuatro o cinco veces la cantidad invertida", explica.

Las de Moreno son tierras aptas tanto para la ganadería como para la siembra de los cereales y la soja. El boom de la exportación sojera completó el panorama: ya que se van terminando las tierras explotables en las provincias del Litoral, los insaciables mercados europeos y chino estimulan a los capitalistas hacia una búsqueda vertiginosamente obsesiva de más y más tierras para el monocultivo.

Hombres decididos

Cierta mañana Julio vio entrar rasante a una poderosa camioneta carrozada en su campo. Se detuvo a unos cincuenta metros de la casa y bajaron dos hombres. Altos, rudos, colorados. Con tonada cordobesa le dijeron que tenían que conversar con él.

Julio -que vive sólo con un hijo adoptivo, Cristian Ariel Ibáñez, de 32 años-, los invitó a pasar. Acalorado, el más grandote y que llevaba la voz principal pidió disculpas porque necesitaba "aligerarse un poco de peso", según dijo. Y en el acto sacó de bajo la campera una oscura y reluciente pistola 9 mm, que colocó sobre la mesa.

Después, exhibió la escritura: "Bueno, amigo", espetó, con voz potente: "como ve, esta tierra es mía... la acabo de comprar".

Julio no perdió la calma, y sacando de un armario la propia escritura, que posee absolutamente en regla, se la mostró al cordobés diciendo: "¡Mire lo que son las cosas! ¡Yo también tengo una igual, pero más vieja! Y que me acuerde, no le he vendido a nadie mi tierra."

Luego de un silencio pegajoso el otro bramó:

"¿Qué hacemos, entonces? ¡O es suya o es mía, una de dos!"

Julio, hombre pacífico e inteligente, le dijo:

"Pero no hay problema, hombre... son 1.600 hectáreas, las podemos explotar los dos... seamos socios, pues, y que la tierra sea de los dos..."

"Bueno, entonces... no hay más que hablar... socio... ¡podemos comernos un asadito, para celebrar..."

"Pero como no, compañero", contestó

Julio. Y mientras elegían un lindo cabrito para el festejo, los otros trajeron una gran parrilla, carbón, mesas y sillas que llevaban en la camioneta.

Después del asado, ya al atardecer, Julio acompañó a sus nuevos "socios" hasta la camioneta, para ayudarles a cargar sus equipos. Lo que vislumbró allí, por un resquicio de la puerta, lo estremeció: varios hombres, sombríos, esperaban dentro. Llevaban poderosas armas largas.

"Quiere decir", cuenta Julio en su entrevista con @DIN, "que si me resistía, posiblemente me iban a liquidar... o quizás me iban a hacer desaparecer... ¡qué se yo!"

Apenas se alejaron los invasores el campesino fue a radicar la denuncia en la comisaría más cercana -a treinta kilómetros de allí. Al día siguiente, Julio viajó a la ciudad: 190 kilómetros. Aquí inició inmediatamente una acción judicial, para proteger sus bienes y revalidar la legitimidad de sus escrituras. Advertidos por la notificación judicial, esos cordobeses no volvieron. Pero sí vinieron otros.

Un "inversor" enojado

Según la narración de Galeano, imaginamos a Juan Martín Gaona como uno de esos hombres que impresionan como "nacidos para mandar". "Hacendado" bonaerense, emergió repentinamente de una polvareda creada por seis 4x4 relucientes, acompañado de una guardia armada, para ocupar 4.100 hectáreas de campos comunitarios en la vecindad de Santa Ana. ¿Quién iba a resistirse ante semejante empuje? Bajo la mirada vigilante de los matones, sus peones alambraron prolija y herméticamente la inmensa propiedad. Luego, los lanzó a desmontar -a veces quemando el monte, con todo lo que tiene dentro-, para plantar esnseguida, febrilmente, algarrobo blanco. Es un árbol que crece rápido.

Según Julio Galeano, que es quien nos narra todo esto, debe estar haciendo dicha plantación porque no tiene el propósito de producir nada, en el extenso perímetro que ha encerrado. "Lo que quiere hacer -supone Julio- es valorizar la propiedad, hacerle mejoras, para venderla luego a cinco o seis veces lo que a él le ha costado... una vulgar operación inmobiliaria, al fin y al cabo".

Aconsejados por Julio, los campesinos no ofrecieron resistencia física ni tomaron represalias contra el intruso, que había desplazado a varias familias de sus terrenos. Algunos años antes, los campesinos, en asamblea y luego de experiencias semejantes, habían decidido formar una organización que los defendiese. Con una inspiración algo fatalista, la denominaron "O.CA.SO" (Organización Campesina Solidaria). Determinaron entonces que únicamente utilizarían recursos legales y administrativos para pelear por sus bienes. Y para ello acudieron a una organización santiagueña de Abogados Solidarios, entre quienes revista su defensor, el joven abogado Pablo Muratore.

Pese a ello, pronto iban a padecer desgracias peores.

El 12 de enero de 2005 una terrorífica delegación del GETOAR -Policía Especial de Santiago del Estero- irrumpió con equipos de combate y gran estruendo, bajando de varios vehículos, en la finca de Galeano. Voltearon la puerta, rompieron los equipos de comunicación, desbarataron muebles y llevaron al único habitante de esa vivienda, un hombre de más de sesenta años, esposado e inmovilizado contra el piso de una camioneta celular, hasta la ciudad. Pasando por sobre la jurisdicción policial -la delegación más cercana, Tintina, no estaba siquiera enterada de este operativo- fueron directamente a atacar a O.CA.SO, al que tienen calificado como un "movimiento peligroso de campesinos subversivos".

En el mismo operativo capturaron a Juan Carlos Gerez (49), su hijo Carlos Manuel (27), ambos de Santa María, y Natividad Romero (53) de la localidad de Elsita. En la lista policial figuraban también Beby Orlando Gallo, de Santa María y Carlos Alfonso Gerez, de San Isidro, pero a estos últimos no lograron apresarlos. Después de ocho días de maltratos e incertidumbre, la O.CA.SO logró que scan liberados. ¿Qué había ocurrido? En plena Intervención Federal (que supuestamente había venido a poner fin a este tipo de atropellos), Gaona -hombre influyente- obtuvo de un juez en Santiago la orden necesaria de allanamiento... ¡por actividades terroristas!

¿Y cuáles eran esas actividades? Supuestos atentados contra las propiedades de Gaona, cuyo carísimo alambrado aparecía de repente cortado por kilómetros y kilómetros. Para hacer esto se necesitaba organización y vehículos: Gaona culpó de inmediato a la O.CA.SO. Según Julio Marcelino Galeano, los atentados son obra de los mismos ex-custodios de Gaona, a quien este despidió luego de varios meses sin tener incidente alguno con los pacíficos campesinos del lugar. Esta "mano de obra desocupada", decidió entonces demostrarle al terrateniente la necesidad indeclinable de sus servicios.

Estos custodios pertenecen, según Galeano, a una organización parapolicial dirigida por un ex comisario santiagueño. Hombre de la "pesada" de Mussa Azar, el ex comisario, gracias a una jugosa indemnización obtenida por medio de un juicio contra el Estado, montó un gran negocio inmobiliario. Este se ocuparía de "rastrear" campos con problemas de escrituración, desplegando una verdadera red de complicidades remuneradas en Catastro, Registro de la Propiedad y otras instituciones oficiales relacionadas con la administración territorial. La "novedad" ideada por el policía retirado consiste en que, para garantizar la efectiva posesión de los campos por parte del comprador, como servicio adicional la "inmobiliaria" ofrece una poderosa guardia armada, compuesta por profesionales de la violencia, muchas veces extraídos de entre las mismas fuerzas policiales.

"¿Y qué vamos a hacer con esos campesinos que ocupan parte de las tierras?", sería entonces, según Julio Galeano, la última duda del "inversor".

"No se preocupe", contestaría el comisario: "por un precio módico tendrá un cuerpo especializado en desalojos y posterior protección".

La ley del más fuerte

Dos veces se repitió sobre la sufrida humanidad de Galeano el atropello policial del GETOAR, la destrucción de parte de sus bienes, la tortura física y moral, el calabozo. La segunda fue el 29 de julio de 2005, oportunidad en que detienen también a Juan Carlos Gerez y Carlos Ibánez. Diez policías equipados como para atrapar una célula de Al Qaeda recorren las viviendas señaladas, sembrando terror en las familias, algunas de cuyas mujeres sufren descomposturas y desmayos. Nunca habían ocurrido este tipo de cosas en la región, hasta... el comienzo de la llegada de los foráneos "inversionistas".

Con soberbia inaudita, uno de estos "amenaza" con irse, a través de una entrevista obsequiosa efectuada por un periodista urbano. "Estoy cansado de esta gente primitiva, que no entiende que nosotros, los inversores, venimos a traerle el progreso". Se siente jaqueado por denuncias ante organismos de Derechos Humanos y organizaciones internacionales de campesinos. Entonces, apela al recurso que debe haberle rendido buenos resultados para acumular poder económico en todas partes: la desfachatada caradurez que suele caracterizar a casi todos estos "empresarios".

Santiago vive tiempos difíciles. El poder de estos facinerosos, coaligados -pues concurren a su monolítico frente agresor los pools de siembra, grandes ganaderos, compañías internacionales de agroquímicos y exportación cerealera, sociedades "rurales" variopintas, medianos productores agropecuarios, generalmente gringos, indecisos, inmobiliarias, agencias de "seguridad" y todo un universo de intermediarios que lucran con estas transacciones- se presenta en el horizonte de los campesinos como lo podría hacer la mole de un Titanic avanzando hacia una chalupa indígena.

A modo de aguda cresta de proa, inagotables repartos de dinero van lubricando el camino para despejar escollos burocráticos, legislativos o judiciales, y aunque todos conocen y aceptan que se están perpetrando desastres, que se están cometiendo flagrantes injusticias, que se está destruyendo lo poco que ha quedado del patrimonio natural de nuestra provincia... cuando deben actuar, si son funcionarios, favorecen siempre al agresor, condenan a la víctima. Como Pilato, ese símbolo tan medular para el intento de comprender la condición humana.

Julio Galeano nos pregunta la hora: debe tomar enseguida el único colectivo que lo llevará otra vez a su monte amado. Nos ha conmovido hasta el alma. Recomendado por un amigo, que le ha dicho que nosotros lo comprenderíamos, y que con la difusión de los problemas de su región, tal vez, ayudaríamos, ha venido a visitarnos, desde tan larga distancia. Lo miro a la luz del resplandor que se filtra por entre las cortinas de nuestra cómoda residencia urbana, y constato con cierto asombro que es un hombre alegre. Entiendo, entonces, una vez más, que la verdadera alegría no está en los salones forrados de terciopelo ni la sensualidad vertiginosa provista por el dinero, sino en la satisfacción sencilla, honda, que infunde a los humanos el vivir luchando por una causa noble.

Recuadro
Alguien tiene que escuchar

Por: María Umbelina Bertón Zoat

Comentar la problemática de las tierras no es una tarea fácil. Involucra muchos años de despojos, de reclamos y de resistencia. Involucra, también, a diversidad de actores con intereses antagónicos, a un estado muchas veces ausente, a leyes que fueron sancionadas pero nunca fueron puestas en práctica...
La disputa no es sólo por la tierra, aunque este sea el eje principal. También se quiere recuperar esa paz, esa tranquilidad perdida y esa seguridad sobre un terreno que se fue perdiendo con los años.
Los desalojos fueron moneda común en distintos lugares de nuestra provincia y desde los inicios de su historia, pero la resistencia comenzó cuando los campesinos, antiguos habitantes de las tierras, iniciaron su organización ayudados por el trabajo de algunas ONGs y sectores de la Iglesia partir de los años 70.
Terratenientes locales e inversores de otras provincias iniciaron la compra progresiva de grandes extensiones tentados por la expansión de la frontera agrícola, la posibilidad de desarrollo de la ganadería y los precios bajos de la tierra en situaciones de marginalidad de caminos y servicios.

Estos empresarios y terratenientes se defendieron de las acusaciones de usurpación alegando tener la posesión legal de esos suelos. Desde entonces se generó una puja constante que, lejos de llegar a un justo término, comenzó a intensificarse, en parte, ayudada por la ineficiencia de la justicia y un estado que supo desentenderse de los reclamos. En la mayoría de los casos los empresarios contaron con la complicidad de actores locales con poder, como Comisionados, policías, jueces de paz...

Los campesinos entendieron pronto que debían movilizarse para proteger eso que les pertenecía.

Requerían que se los escuchara, que se supiera la situación por la que estaban atravesando para sumar apoyos y organizar una resistencia. Nacieron, entonces, las primeras movilizaciones campesinas que no se mostraban dispuestas a entregar lo que consideraban pertenencia propia. Por el contrario, buscaban sumar fuerzas y, entre todos, formar una unidad que fuera difícil de vencer.

Así es como nació el MOCASE (Movimiento Campesino de Santiago del Estero). Lo constituyeron, inicialmente grupos de familias de distintas organizaciones campesinas reunidas en pos de un objetivo común y acompañadas por técnicos comprometidos. Dijeron, desde un primer momento, un contundente "no" al desalojo, a la invasión, a la intrusión de personas ajenas en las tierras donde habían vivido siempre sus familias.

Esta organización ya tiene unos quince años de existencia, aunque la lucha lleva muchos años más. Los problemas están todavía muy lejos de una solución. Tan es así que, actualmente, comenzaron a formarse nuevas agrupaciones que nacieron para perseguir ese mismo fin.

El MOCASE se valió de todos los recursos de los que pudo hacer uso para tratar de concientizar al resto de la población acerca de su problemática. Comenzaron por difundir su lucha y tratar de comunicar y expresar sus deseos de encontrar una pronta solución. Para esto utilizaron los medios de comunicación, tanto a nivel masivo como alternativo. Se armó, también, una cadena de solidaridad Internacional mediante la cual, el grupo de campesinos recibió apoyos desde diferentes países que se solidarizaron con su causa. Capacitación sobre derechos a la posesión de la tierra. Asesoría jurídica ante la dificultad formal y económica de los campesinos para defender sus derechos y sanear situaciones de dominio de las tierras que ocupan.

Los problemas a los se enfrentan las comunidades campesinas no son para nada fáciles de erradicar. Juegan en contra el desconocimiento en cuanto a aspectos legales vigentes, el sistema político corrupto, las redes clientelares instaladas, la represión y la violencia aplicada, entre otros factores de importancia.

Muchos pobladores no conocían el derecho a la posesión veinteañal mediante la cual se los hacía dueños de las tierras por el solo hecho de haberla habitado durante dos décadas en forma pacífica e ininterrumpida. Tampoco conocían las legislaciones respecto a la tierra, el agua y los recursos naturales.

Últimamente se fueron sumando situaciones agravantes, que tornaron aún más difícil el problema de los campesinos. Quienes comenzaron este nuevo tipo de desalojos no lo hicieron de un modo pacífico. Los empresarios no dudaron en contratar a bandas parapoliciales, a menudo coordinadas por ex militares y utilizar máquinas pesadas para arrasar con el monte y hasta con sus mejoras. Estos grupos armados fueron los que se encargaron de amenazar a los pobladores que se negaban a abandonar sus pertenencias.

Luego de muchos amagos de leyes de tierras y de desmonte, el gobierno provincial no aporta una solución y esto es lo que realmente preocupa y decepciona. En lugar de proteger a los moradores, de garantizarles la propiedad, los gobiernos de turno se desentienden. Empresarios y propietarios de capitales nacionales y extranjeros continúan adquiriendo tierras y destruyendo recursos naturales sin control estatal.

Los sucesivos gobiernos ni siquiera garantizaron la cesación del uso de métodos duros de represión para el desalojo de los campesinos.

Tampoco estimularon la sanción de leyes y puesta en práctica de las ya existentes sobre temáticas de tierras, agua, recursos naturales...

La situación se vuelve caótica porque nadie puede ponerle un fin y porque cada quien sale a defender lo que cree suyo.

Los desafíos son, entonces, numerosos. Existen muchas metas que alcanzar, muchos problemas que superar para que, quienes están hoy olvidados, puedan continuar con su existencia en el lugar que les pertenece y en paz.

Se hace urgente que el gobierno garantice la tenencia de las tierras para campesinos y pequeños productores que buscan el sustento familiar mediante su actividad.

Los antiguos pobladores, además, deben ser reconocidos. A ellos deberían ser entregadas las tierras que les pertenecen por la historia que ya tienen en ese lugar. Lamentablemente, existen términos legales que son desconocidos por los campesinos. Urgente es también, entonces, la sólida asistencia en temáticas de tierra y recursos y los correspondientes derechos garantizados por ley.

A su vez, no se están previendo las consecuencias futuras que van a tener las acciones que se están desarrollando actualmente con visible impunidad. Preocupa que tantos recursos nacionales sean administrados por extranjeros, preocupa asimismo la proliferación de cultivos transgénicos, el abuso de agrotóxicos y los desmontes sin planes de reforestación. Es evidente que no existe una toma de conciencia generalizada sobre estos problemas que sí van a tener sus consecuencias en un futuro (bastante más próximo de lo que imaginamos).

Mientras tanto continuarán las familias campesinas organizándose para reclamar por lo que es suyo. Se resisten a abandonar sus sueños de tranquilidad en manos de empresarios protegidos por guardias militares, por un gobierno corrupto y un estado ausente. Se niegan a entregar las hectáreas de monte virgen que quedan, se niegan a ver árboles centenarios siendo arrasados con topadoras y maquinarias para engrosar la cada vez más ensanchada frontera agrícola.

Ellos siguen gritando, siguen lamentando sus pérdidas y reclamando a quien los quiera escuchar. Alzan sus voces junto a la del monte y a la de la fauna que fuimos perdiendo. Alguien tendría que escuchar, alguien tiene que escuchar.

Denuncia presentada ante la Subsecretaría de Seguridad de Santiago del Estero durante el período de la Intervención Federal (abril 2004, marzo 2005)

En Santiago del Estero, en Ciudad Capital a los 20 días del mes de octubre del año 2004, se presentan voluntariamente en la Subsecretaría de Seguridad, cita en Belgrano Sud 555, los ciudadanos: Julio Marcelino Galeano, DNI 4.423.846, domicilio Campo Santa Ana departamento Moreno, Cristian Ariel Ibáñez, DNI 23.465.229, domiciliado en Santa Teresita, departamento Moreno, Beby Orlando Gallo, DNI 22.422.101, domicilio Santa María, departamento Moreno. Quienes son acompañados por el funcionario de la Secretaría de Derechos Humanos Marcelo Garnica, DNI 22.422.101, domicilio Francisco Viano 223, Dto. B, Santiago Capital. Los declarantes exponen ante el asesor de la Subsecretaría de Seguridad Rolando Salas, DNI 16.679.136, y el funcionario Alejandro Hammar, DNI 18.751.180. Exponen: A partir del domingo 10 de octubre de 2004 han sido sometidos a presiones e intimidaciones por un grupo de civiles armados a los cuales pueden identificar a uno de ellos como Néstor C. Anchava, los dicentes afirman que este grupo provoca incendios forestales, ocasiona desmanes y desarrolla conductas agresivas intimidatorias y contrarias al proceder habitual de la comunidad local, y afirma el señor Beby Orlando Gallo haber sido objeto de distintos tipos de amenazas por parte del grupo anteriormente mencionado, además agrega que un animal yeguarizo de su propiedad sin marca fue muerto en uno de estos incendios mencionados. Los declarantes afirman que este grupo les impide el acceso a tierras de explotación comunal de histórica tenencia, ocasionándoles perjuicios económicos irremediables al no poder acceder ellos a su forma habitual de subsistencia. Agregan que el grupo de desconocidos utiliza incorrectamente la única fuente disponible de agua potable existente en la zona. Considerando que no tienen nada más que expresar se da por cerrada la exposición.

Publicado por Agencia @DIN, mayo de 2005.

Campesinos amenazados por empresario de la soja transgénica

132 familias están amenazadas de ser expulsadas de sus tierras. Los atacan dos empresarios sojeros, que quieren desmontar 1400 hectáreas. Allí viven desde hace más de 100 años estas familias. Trabajan la tierra con agricultura orgánica y crian animales. Tienen una cultura riquísima y hablan quichua, el idioma ancestral de la región. Helena Paul, una ecologista inglesa que los visitó, se conmovió por sus problemas y hará una campaña internacional para defender sus derechos.

Informe sobre el conflicto de Mili

* Hacia mediados de mayo se presentaron en Mili, departamento Robles, dos empresarios chaqueños exhibiendo supuestos títulos de propiedad sobre 1.394 hectáreas de una extensión total de 3.109. En el lote reclamado por los empresarios habitan 132 familias, 96 de ellas desde mucho tiempo atrás, esto es periodos que van desde 40 a 100 años. Uno de los empresarios es un ex juez, el otro comerciante.

Su propósito es desmontar los campos para dedicarlos al cultivo de soja.

Los empresarios se reunieron con los campesinos, asegurándoles que les otorgarían a cada uno de ellos 10 hectáreas, debido a que todos ellos tienen animales (cabras, algunas vacas) y practican agricultura orgánica de subsistencia.

* El domingo 30 de mayo se presentaron imprevistamente en Mili camiones con topadoras y maquinaria agrícola, además de camionetas de las que descendieron varios hombres. Su capataz se presentó en la propiedad de Inés Magdalena Suárez, quien habita con sus 6 hijos un espacio comunitario en medio del monte, donde crían animales y hacen agricultura natural. El hombre le dijo que tenía orden de Goñi -uno de los empresarios- "de topar todo". La mujer se negó e inmediatamente envió a sus hijos para avisar a los otros campesinos del peligro. Al mismo tiempo se trasladó hasta la ruta, a 2 km de distancia, donde encontró enfilados los tractores, camionetas, maquinarias agrícolas y hombres que estaban colocando rampas para bajar las topadoras. En cuestión de minutos llegaron cerca de 40 campesinos que con voces airadas impidieron que los obreros chaqueños bajaran las topadoras.

* El lunes 31 de mayo el maestro Héctor Bustos, de Forres, se comunicó telefónicamente con Julio Carreras (Santiago del Estero), y Jorge Eduardo Rulli (Capital Federal), ambos del Grupo de Reflexión Rural para comunicarles el problema. Forres (Tunas Punco) es una pequeña ciudad a 6 kilómetros de Mili; los campesinos habían acudido a Bustos -quien también es corresponsal del diario El Liberal en la zona- en busca de ayuda. Rulli llamó inmediatamente a Rinaldi, secretario de Derechos Humanos de Santiago, imponiéndolo del problema. Se prefirió este trámite debido a que Rinaldi se había quejado anteriormente de que el GRR tenían una actitud hostil, sin tener en cuenta que ellos habían abierto la puerta para conversar con

nosotros (incluso habíamos sido recibidos por el gobernador
Lanusse). Ello debido a una publicación manipulada por José
Aranda, periodista de El Liberal, deformando declaraciones de Julio
Carreras. Además se hizo un breve comunicado del GRR, sobre el
tema de Mili, a la espera de que el observatorio de los Derechos de
los Campesinos, a cargo de Ana Matarollo, actúe, ya que depende
directamente de Rinaldi.

* El jueves 3 de junio Héctor Bustos -corresponsal de El Liberal en
Forres (Tunas Punco)- hizo una extensa publicación en el diario
mencionado, con fotografías, donde informaba correctamente la
situación de los campesinos de Mili. Debido a esa publicación, Ana
Matarollo, directora del Observatorio de los Derechos de los
Campesinos, llamó por teléfono a Julio Carreras, interesándose por el
problema, y manifestándole que inmediatamente se trasladarían al
lugar (apenas a cuarenta kilómetros de la ciudad de Santiago).

* El lunes 7 de junio el diario El Liberal publica una extensa
declaración del vendedor de los campos, escribano Segundo Dolores
Villavicencio, quien alega que estos fueron cedidos en propiedad a su
padre, en el año 1961, por un tal Luna, quien era heredero de las
familias originarias con propiedad sobre las tierras desde el siglo
XVIII.
Al día siguiente -martes 8- el Nuevo Diario, propiedad de José María
Cantos, otorga una página entera a Hernán Torres, delegado de la
Sociedad Rural Argentina, al presidente de la SRA filial Santiago y a
los empresarios chaqueños compradores de Mili para transformarlo
en una alfombra sojera. En esa publicación se dicen groserías, como
que los campesinos "constituyen bandas armadas", que "están
impulsados por agitadores profesionales", que "defienden un modo
de vida medieval" pues si se respeta sus formas de vida "se
retrocederá 300 años", que "generan inseguridad jurídica y así
ahuyentarán las inversiones", "frenando el desarrollo que Santiago

espera con ansias". Nadie contesta esas declaraciones, pues además los medios locales están fascinados con estos prepotentes, que se presentan en camionetas 4x4, frecuentan el Jockey Club y el Lawn Tennis, son rubios y elegantes, tienen contactos políticos y reparten billetes bajo la mesa entre los periodistas del agro.

* Con motivo de la llegada de una ecologista inglesa, Helena Paul, directora de Econexus, Londres, el jueves 10 de junio por la tarde visitaron Mili junto a Alfredo Galli y Julio Carreras -estos últimos del GRR-, para reunirse con los campesinos amenazados. Fueron recibidos por Héctor Bustos y trasladados por Juan Domingo Roitman y su esposa hasta Mili, donde mantuvieron una reunión con los campesinos. Allí se encontraron con que la policía local -siempre a favor de los empresarios- había anunciado una visita a los campos para el día siguiente (11 de junio) por la mañana. También con la sorpresa de que nadie de la Secretaría de Derechos Humanos de la Provincia se había hecho presente en el lugar. Roitman indicó que él también había hablado personalmente con un señor Garnica en dicha secretaría, ante la ausencia de Rinaldi, hace varios días. Los campesinos no están organizados ni tienen abogados que los representen. Generosamente Roitman los ayuda pues varios de ellos trabajan en su envasadora de tomates. El hijo del empresario es abogado y también los asesora, pero también de un modo irregular por sus obligaciones.

* Ante el peligro de avasallamiento que amenazaba a los campesinos, el viernes 11 de junio por la mañana Helena Paul, Julio Carreras y Alfredo Galli decidieron trasladarse nuevamente a Mili, llevando consigo al Dr. Luis Horacio Santucho, director de la Oficina Antiimpunidad, dependiente del Gobierno de la Nación. Lo hicieron alquilando un remisse a su costa.
Antes la ecologista inglesa y los miembros del GRR habían otorgado una entrevista al canal 4 de televisión local, denunciando el problema

de los campesinos de Mili. Esta nota fue difundida tres veces por ese canal.

Por otra parte Carlos Zigalini (del GRR Santiago) quedó encargado de hablar con la directora del Observatorio de los Derechos de los Campesinos, Ana Matarollo, para saber qué trámites se habían efectuado desde esa secretaría ante estos problemas. En tanto, Helena Paul filmó una extensa película con las conmovedoras conversaciones de los campesinos de Mili y los miembros del GRR, así como con el Dr. Luis Horacio Santucho, quien se comprometió a defenderlos desde la oficina Antiimpunidad. Esta película será convertida en video, auspiciada por Econexus, y distribuida entre todas las ONGs ecologistas del mundo, como testimonio de las amenazas sobre la cultura y la vida de los campesinos por parte del modelo sojero sustentado por Monsanto y sus seguidores.

* El sábado 12 de junio, Helena Paul, Alfredo Galli y Jorge Rulli denunciaron el problema de los campesinos a través de Horizonte Sur, programa que se difunde desde Buenos Aires, por Radio Nacional Argentina de 12 a 13.

En tanto desde el GRR Santiago se envió un mail urgente a Jorge Rulli, donde se le decía, entre otros conceptos, lo siguiente: "Jorge, seguramente cuando recibas este mail estarás al tanto de lo que ocurre en Mili por Alfredo y Helena. Te escribo ahora porque dada la desprotección de esta gente, sería interesante aprovechar que Ilarregui se ha quedado a cargo del gobierno durante el fin de semana, para que vos le des un golpe de teléfono (si es posible en la nuca)". Luis Ilarregui es ministro de Gobierno, y conocido de Rulli por su militancia en el peronismo. El mensaje continuaba así: "Sucede que no sé si los de las secretaría de Derechos Humanos tienen previsto ocuparse de este problema [...] anduvo Zigalini en la Secretaría de Derechos Humanos, y nadie sabía nada del asunto (cosa imposible, porque vos hablaste del asunto con Rinaldi, yo llamé por teléfono matarollo me dejó un mensaje diciéndome que la llame urgente, luego me hicieron llamar a su celular, luego me llamó ella para pedirme datos del asunto Mili, debido a una gran publicación que había hecho El Liberal, cosa que entre paréntesis me dio por las pelotas, pues dos días antes nosotros los habíamos llamado, y esperaron que la cosa se mediatizara para interesarse recién en el asunto; bueno, resulta que no sé si ahora se hacen los distraidos).

"[...] el tipo, Bugliatti o Bullati, luego comprobaré bien su apellido, un juez, es un tipo muy influyente según me han dicho, un tipo al estilo de Orso. El Interventor del Partido Justicialista en Santiago, alguien que desde que llegó hace como una semana todos (hasta el obispo) reverencian como a un procónsul, es también chaqueño. Seguramente se conocen con estos que han comprado los campos, y por ahí puede venir la causa de la repentina distracción ...

"El problema es que los tipos son muy poderosos, y el delincuente que maneja el Nuevo Diario (que se lee muchísimo porque lo venden a 0,50) les ha dado una página entera a Goñi, Bugliatti (el primero empresario el segundo ex juez del Chaco) que son quienes han "comprado" los campos, acompañados por el presidente de la sociedad rural, Hernán Torres, un atorrante consuegro de Ick. Y qué dicen: que la gente ha conformado "bandas armadas" para impedir que ellos ocupen sus propiedades "legítimas", que "están manejados por agitadores profesionales", que "los inversores de todo el país están viendo un mal ejemplo" y "el modelo que proponen los campesinos es medieval, traería un retrazo de 300 años a la provincia" -esto lo dijo el delegado de la sociedad rural, un tal Santiago (lamentablemente también santiagueño).

"Bueno, la cuestión sería que Ilarregui los hable a los hable a los de DDHH y les diga que esta gente tiene su existencia amenazada, la cuestión es MUY URGENTE: los tipos no se han llevado de regreso las topadoras al Chaco, las tienen allí, con todo el personal (venidos del Chaco), amenazando desde hace quince días y en algún momento VAN A ACTUAR: qué significa ésto: destrucción del monte, el espacio sagrado de los campesino, sus casas sus animales, les quieren

pasar por encima. Las topadoras están ahí en una finca vecina que les
ha prestado un amigo de los empresarios."
Esa tarde, Julio Carreras del GRR concurrió a la reunión con Pino
Solanas, cineasta, y en ese ámbito se le acercó la Lic. Matarollo, con
talante preocupado, para interesarse por el problema de Mili. Durante
media hora entremezcló explicaciones de por qué no había ido con
solicitud de mayores informes sobre el tema. Alegó sin embargo que
ella creía que era un asunto que correspondía a Barbutto,
subsecretario de Recursos Naturales, Tierras y Asuntos Campesinos.
Prometió dubitativamente que iría, sin asegurar cuándo, se la notaba
muy preocupada, luego se sabría por qué.
Al llegar a su casa Julio recibió un informe de su padre y más tarde
lo habló Jorge Rulli, contándole que había intentado hablar con el
ministro de Gobierno, Ilarregui, y los custodios de la Casa de
Gobierno ni siquiera sabían que estaba ahí. Sin embargo, más tarde
lo llamó Ilarregui (pues los custodios habían comunicado el mensaje
de Rulli). Ilarregui no estaba siquiera enterado del asunto, se
preocupó mucho, y debido al respeto que tiene por Jorge Rulli, como
un militante emblemático del Peronismo Revolucionario, se
comprometió a hablar inmediatamente con Matarollo. Cosa que hizo
y motivó la charla mencionada con JC.
Bueno, hasta aquí lo sucedido, esperamos que este asunto se resuelva
bien y solicitamos la solidaridad provincial, nacional e internacional
con estos dignos, cultos y modestos campesinos de Mili, que hoy
tienen sus tierras, sus montes, su cultura y sus vidas amenazadas.

Publicado en Indymedia Barcelona, el 13 de junio de 2004.

Soja transgénica, Santiago del Estero: hablemos claro, por Julio Carreras

Las inversiones deben ser controladas por el Estado. Para garantizar que sus beneficios alcancen a todos. Y no dejen una provincia arrasada después de algunos años.

Cuando se habla de "inversiones productivas" para aumentar el cultivo y procesamiento de soja en la provincia, no se dice cuál es la soja que se promociona. En primer lugar no se trata soja natural, sino de soja transgénica, que no cuenta con los valores alimenticios de la primera.

No se dice tampoco que los impactos del monocultivo de soja deterioran la tierra quitándole nutrientes. De modo tan atroz que una superficie cultivada intensivamente con soja durante cinco años, queda prácticamente convertida en un desierto (si la tierra es riquísima este periodo se puede extender hasta diez años).

Por causa de estos "emprendimientos", realizados por "inversiones" (en muchos casos extranjeras), la tasa actual de deforestación en el norte argentino es cinco veces superior a la media mundial.

Lo que queda del quebrachal en Santiago está siendo aniquilado. Y también algarrobos, itines, tuscas, etcétera. También centenares de especies animales únicas, como armadillos o tatú carretas, ven su existencia amenazada (a veces directamente aniquilada) por la destrucción lisa y llana de su hábitat natural: el monte santiagueño.

La Universidad de Santa Fe asignó una alta responsabilidad a los desmontes, en las terribles inundaciones que sufrió hace poco aquella provincia. Esto por la eliminación lisa y llana de las arboledas en la frontera santiagueña, que antaño servían como una contención a los desbordes del Río Salado.

Riesgo excesivo

Las inversiones sojeras ni siquiera son aceptables desde el punto de vista de su rentabilidad. Debido a la fuerte oposición de organizaciones ecologistas de todo el mundo, Europa ha cerrado prácticamente la importación de productos transgénicos. Ni siquiera para alimentar animales.

Y China, hasta hace poco el mercado más jugoso para la oleaginosa, acaba de devolver 239.000 toneladas y canceló las compras de ese grano a Brasil (El Cronista Comercial, 1º de junio de 2004, Economía, Pág.8) . Con ello nuestro vecino del Mercosur arriesga pérdidas inmediatas por unos 3.000 millones de dólares.

Las razones de tales pérdidas son dos: la alta peligrosidad de los cultivos transgénicos, y el brusco descenso de sus precios en el mercado. La soja misma, que el año pasado se pagaba U$S 360 dólares CIF por tonelada... hoy se pagan sólo U$S 260 en el mercado. ¡100 dólares menos! (El Cronista Comercial.)

Costo laboral

Otro aspecto negativo de la inversión sojera es la reducción abrupta del empleo. Al contrario de lo que por lo general se espera de las inversiones productivas, este tipo de cultivos se basa en el bajísimo empleo de mano de obra humana para su concreción. En su mayor parte, el trabajo es realizado por máquinas.

Así pues, el modelo de las "cosechas record" trituró empleos y concentró la tierra. Según datos del Censo Nacional Agropecuario (88-02) la superficie media de las explotaciones agropecuarias aumentó de 421 Ha a 538 Ha respectivamente. Relevamientos del departamento de Anta, Salta, indican que la expansión sojera dejó una caída del requerimiento de mano de obra cercana al 20 % (CLACSO, Marzo/02). En la provincia de Entre Ríos la llegada de la soja significó un aumento del desempleo y la pobreza de un 220 % (diario La Nación, 14 de febrero de 2003).

Estudio sensato

Entiéndase bien: el Grupo de Reflexión Rural, del cual formo parte como promotor cultural, no se opone indiscriminadamente a las inversiones en el agro. Sí sostiene que deben sustentarse sobre un estudio serio, que tome en cuenta en primer lugar los intereses de los habitantes históricos de nuestra provincia. Estos son los campesinos, cuyos únicos patrimonios son su santiagueñidad y sus tierras.

Su santiagueñidad debe respetarse respetando sus modos productivos naturales, sin imponerles modelos standars copiados de otros lugares del mundo. Su tierra, considerando que para ellos el monte no significa un botín comercial o un estorbo. Por el contrario, además de una fuente de alimentación -de donde extraen miel silvestre, algarroba, tuna, mistol, y otros tantos componentes alimenticios y curativos- un lugar sagrado. También parte de su paisaje, que contribuye de un modo importantísimo a su estabilidad espiritual (o "psicológica", si se quiere apelar a un lenguaje "científico").

No podemos caer en el mismo error que se cometió a principios de siglo, cuando se entregó frívolamente miles y miles de hectáreas, pobladas por valiosísimos quebrachos, a empresas extranjeras y comisionistas locales. Los descendientes de esos comisionistas, que se hicieron millonarios, no viven en Santiago. Nosotros no tenemos ya esos quebrachos, que demoran cien años en alcanzar su altura conveniente. Miles de familias santiagueñas tuvieron que emigrar, por haber perdido el bosque nativo del que se sustentaban. Decenas de pueblos desaparecieron, cuando los ingleses determinaron que ya no eran rentables -para ellos- los ferrocarriles hechos para trasladar el quebracho.

El Juan Domingo Perón repetía que "el hombre es el único animal que tropieza dos veces con la misma piedra". No convirtamos a este en el sino que caracteriza el accionar santiagueño. Veamos muy bien cuáles son los proyectos sustentables, que dejarán a esta tierra en condiciones de seguir acumulando prosperidad y vitalidad productiva, con un sentido trascendente. De tal manera que nuestros hijos y nietos puedan agradecernos la tierra que les hemos dejado. Y no maldecirnos por nuestra mezquindad y estupidez.

Revista Biodiversidad en América Latina y el Caribe, 7 de junio de 2004.